新木槿《きん》通信

木槿むくげ無窮花 무궁화

李仁榮

独唱会　韓国国立劇場 1973

漫画帳

(52) 歌劇「ラ・ボエーム」 絵と文 清水 崑

藤原歌劇団公演＝東京・日比谷公会堂

プログラム所載の「ボエームのことなど」と題する藤原氏の文中に、つぎのような条がある。

「五十八歳と何ヵ月ともなれば、オペラのテナー歌手としては、だれが何といおうとはっきり限界にきている。あの手、この手、多年の経験を生かして舞台から、お客をだますことはできる。しかし絶対に自分はだまされない。これが舞台に肉体をさらす者の悲劇だ。といって私が今すぐ舞台をしりぞくことは許されない事情にある。だが、これから私が歌う一つ一つのオペラは、それぞれのさよなら公演となろう」――

昨年の暮、他の用で初対面した折にも同じような話が出た。いわく

「たとえ年が若くても老け役は役でさあね。逆にいくら年をとってもテナーはテナー、ノドの方は扮装《ふんそう》がきかねえから、いつまでたってもわたしゃ二枚目、いや全くたまらんですよ。ボエームの初演は今から二十四年前。若かったですからな。弱音は吐きたくないが、六十近くになると、どうもねえ」

ところがプログラム所載の文章の続きに「さて今舞台で皆さんにお目にかかる私のロドルフォ（主役の詩人）はその発剌たる歌いぶりと、発剌たる舞台ぶりはおそらく過去二十五年、いずこ、いずれの私のロドルフォにもかつてなかったものだということを、言い切ってはばからない、と、口はばったいことを言えるくらい己をムチ打った、従って自信がある」

と意気当るべからず、僅々《きんきん》二ヵ月の間に弱音変じて物すごい強音となるあたりが、藤原という人のちょっと類のない楽天的な面白味かもしれない。また、ところが、同じ文章の冒頭に「向こう見ずの一人よがりで三十種からのオペラを上演してきた。そして残したものは悪評と借金、もっとも賞めてくれる人もあった」とあるが、初対面の折の話の続きによれば「終戦後というものは税金に追っかけられ通しで、こんどもアメリカへたつ直前、家財一切、小さなテーブルにいたるまで赤紙をはられたんですよ。たった一つ電話だけは哀訴嘆願の末にやっと助かりましたがね。そうして十一月の初め、有名なアトランダムに着いたところが、アメリカの税務署から『この前巡演した時の税金を払わねば今後の公演に支障を来たすかもわからんぞ』というんだから弱っちゃってね、こりゃもうオペラと税金は離れないものと観念して、とうとう払いましたよ」

しかし、払えるから偉いものだ。紹介ついでに内輪話をもう一つ。

「いったいオペラ歌手というものは、柔道だの長唄だの日本舞踊とちがって非常にバタくさいもんでしょう。ところがそのオペラ歌手がですな、外国巡演では、ミソシルをなめてオニギリを食わないとバタくさい声が出せない。全く不思議な話なんだが、ヒューストンで西原という大金持、

哲学者役　芸名 金慶植(本名 李仁榮)

オールス

◇ 解説＝「ラ・ボエーム」はイタリアが生んだ名歌劇作曲家プッチーニ（1924年没）の代表作で、「お蝶夫人」「トスカ」とともに特にすぐれ、しかも三曲のうちでこの「ラ・ボエーム」がもっとも庶民的なかおりをもった傑作である。

パリの屋根裏に住む四人のボヘミアン。ロマンチストの詩人ロドルフォをはじめ、気どり屋のマルチェロ、陽気な音楽家ショルナール、気むずかしやの哲学者コリーネに混ってミミという娘などが、かもしだす人生の冒険と淡いペーソスが織りこまれてゆく……。

出すんですから。日本人ってえらいもんだ。うん」

ところで、今回の「ボエーム」だが、正直のところ私には音楽のことは何もわからない。それよりも、生れて初めて本格のオペラに接して、たいへん物珍しかったし、またオペラとはこういうものかと一つ目がひらけた。つまり面白かった。

が、ただ一つ、根本的に気になって仕様がないのは、日本人の歌手がフランス語で歌う歌劇を、フランス語を知らない日本人が観たり聴いたりして、果してどこまで楽しみ得るか、ということである。考えようでは大きな問題だろう。詳しくは専門家に任せるとして、結局、こういう古くからどこの国でも行われている世界的傑作を鑑賞するには、カブキの忠臣蔵が古来数多の名優によって演ぜられ、だれはどこをどうやった、だれのどれがどうよかった、というように、劇の筋はもちろん、歌の文句、表情、動作から節回しにいたるまで、十分のみ込んだ上で楽しむものなんだろう。

初心者はかなしいかな。幕間にプログラムの「梗概」と首っぴきだったよ。

藤原歌劇団公演　ラ・ボエーム　週刊読売 1957

FUJIWARA OPERA COMPANY

YOSHIE FUJIWARA General Director

50 HIKAWA-CHO MINATO-KU TOKYO.

推薦状

李仁栄（芸名・金慶植ーバス歌手ー）君は、一九五五年十月、東京芸術大学音楽学部声楽科第四学年在学中に当歌劇団の専属歌手として契約入団し、一九五六年三月芸大卒業と共に、マスネー作曲「舞姫タイース」のパレモンで華々しく日本の楽壇にデビューし、楽壇の期待を一身に集めました。その後「ドン・ジョバンニ」「セヴィラの理髪師」「ラ・ボエーム」「トスカ」等に数多く出演、確固たる地位を築きました。その素晴らしき前途は、日本オペラ界のホープでもありました。当歌劇団に取りまして最も、中堅歌手として重きをなし、人物も至って温厚にして誠実であり、ここに退団致します一九六〇年三月迄の五年間在籍しましたるを證明しますと共に、重ねて同君を推薦致します。

一九六〇年四月十日

藤原歌劇団
理事長 藤原義江

東京都港区赤坂氷川町50番地　財団法人 藤原歌劇研究所　藤原歌劇団　電話赤坂（48）5690番

藤原義江先生の推薦状 1960

新木揘通信

目次

はじめに

私は、生来臆病《おくびょう》で愚か者だとよく言われました。舞台の上から暗闇《くらやみ》に響いては消える自分の歌声の、計《はか》り知れない儚《はかな》さに悲しんだものでした。消え去る音とは、私の胸にも二つの腕のなかにも抱きしめられるものでは無く、残されたあの拍手も、花束も、丸裸にされた未熟な芸の世界が齎《もたら》す、自虐《じぎゃく》の空ろな心の癒《い》えにはなりませんでした。

私は、全て愚であり、純でありました。生涯、周りから尻《しり》を押されて今日まで見えないもの、掴《つか》められないものに何かを求め、音楽のなかで彷徨《さまよ》い、何とか歩んで参りました。

最近になって、老いて朽《く》ちいて行く自分に鞭《むち》打ってでもぜひせねばならぬという遺言のような黙示が、私の心に強く流れている事に気づきました。それは、埋《う》もれ忘れ去られて行く民族の姿へ、私だけの証しでもありました。

私は書かねばならない、書き残さねばならないという強迫的焦りに苦しみました。それは今日の為ではなく、未来の為に、韓国と日本に生まれて来るあの爽《さわ》やかで無垢《むく》な子供達の為に、夢の架け橋にならねばと「純」に思いこんでの事です。そして、沢山の日本の懐かしい人々の激励の言葉から更に勇気を頂きました。

ならば私は大それた夢の架け橋の代わりに、音楽のようにはかなく消える虹《にじ》にでもなろうと、浅学を省みず書く事に踏みきりました。

この小さな拙書により韓日両国の真の平和を渇望する日本に向けられた私の心情が、日本の皆様に少しでもあるがままに伝わることを切に乞うて止みません。

二〇〇七年　二月　一日

ソウル　　牛眠山麓　　　　李　仁　榮

日本の友に寄す

友よ笑おう　何時《いつ》かのように

牛は　笑えるんだよ
ロバも　笑っているのさ
豚《ぶた》だって　しあわせ
唄っているよ
人間だけが　いつも　いつも
複雑に笑うのさ

むかし　むかし　大昔
いきものは　住みたい所へ
自由に行ったもんだ
地球の上に　人間が増え続け
いつの間にか　国境が出来て
おーい　みんな狭《せま》いよな

広い海の　魚は好いよ
釣れるかい
そうかい　よかったねぇ
チョッと　仲良く
やろうじゃないか
ウン　よか　よか

蒼《あお》いお尻《しり》

ねぇ　あんた
子供の頃　お尻蒼かった
うん
私もよ
子供の頃　可愛いお尻だって
だけど　アイヌも　沖縄も
中国人は違うんだって言うのよ
モンゴル斑点《はんてん》だろう　日本人の殆《ほとん》どだよ
そうだなぁ　弟もまた弟もなぁ
そう

俺たち　大昔
朝鮮半島に　ズーッと住んでいて
そこから　荒波を渡って
移ったってわけか
そして　ここが終点となるのか
そうね
しかし　朝鮮人の子供も
お尻は蒼《あお》いのかしら
まぁ　だろうね
うん

昔はよく笑ったねぇ

覚えているかい
覚えているわ
何をだい
何でもよ
とにかく　覚えているわ　可笑《おか》しかったもん
しかし　何であんなに笑ったんだろう
うん　皆が笑うから　私もみんなも笑ったわ
しかし　何であんなに笑ったんだろうな
うん

楽しかったねぇ

うん　楽しかったわ
ほんとうに楽しかった
しかし　何であんなに楽しかったんだろうな
わからないわ　しかし楽しかったのよ
何をやったって　何を食べたって　楽しかった
しかし　何であんなに楽しかったのかな
うん

そうね
昔は　何をやっても
若さがあって　夢に満《み》ちてたから
笑って　楽しく幸せだったのねぇ
そうだ
うん

水道橋《すいどうばし》駅と神保《じんぼう》町

人間誰しも、胸に大切にしまっている言葉がある。失ってはならない言葉である。私にも「お母さん」と呼んでみたい母という大切な言葉があるが、今は久しく用いていない。そして、故郷という懐《なつ》かしい言葉は忘れられてゆく痛みがある。変わり果てた山河を前に、寒々とした気持ちになる事が殆どである。故郷とはどこでもよい。心の中に静かに眠っている思い出であり、独りで何となくほほ笑む過ぎ去った遠い記憶の中の言葉である。

私は、大きくわけて二十年、十年、五十年と三つの都市で住んだ。二十年は生れ落ちた韓国の港町で、五十年は今の人生の大半を過ごしたソウルのこの街で、そして十年は日本の東京で送った。花火のように、はかなくも 美しく消え去る音楽を追って、貧しい学生生活を下宿と安い間借り部屋を転々としながら、私は二十代の若さを戦後の変化の激しい東京を楽しんだ。東中野、高円寺、小石川、鶯谷、上野の谷中、桜木町等を軽て、音校を出る頃には神田に移った。ここで五年程を過ごしたから、日本では神田で最も長い歳月を送ったと言える。

東京でＪＲを国鉄と呼び、その前には省線《しょうせん》と呼ぶ時代があった。その省線の列車が今の時代に比べると、戦後の事なのであまり綺麗《きれい》とは言えず、満員で薄暗く、つり革が無いものもあった。中央線の水道橋駅で降りると左手に後楽園、右手に神保町へとガード下から別れる。右を一キロぐらい歩いた所に地下鉄神保町の駅があるのだが、その半ばあたりにある、大原簿記《ぼき》学校を目印にして左に百メートルぐらい入ると意外と閑静な処に出る。

そこに昔は、三階建ての洋風の重厚な韓国キリスト教青年会館というのがあった。現在は九階建ての現代式建物に変わり、会員制のホテルを兼ねて運営されているが、五十数年前の私が学生の頃には、古色蒼然とした大変貴重な由緒深い古い建物であった。

この建物は、一九〇六年にアメリカの宣教師によって建てられ、朝鮮の学生や青年達のキリスト教化が目的であったようだが、時代が難《むずか》しかった。当時の朝鮮は、日清、日露戦争と勝ち誇る日本の強圧的保護條約下にあり、一九〇五年には朝鮮の駐日公使館は日本によって閉鎖され、一九一〇年の植民地としての合併を目前にしていた時期であった。

だから、当時日本に留学して、この青年会館の寄宿生としていた朝鮮の大学生達や青年達は、日本の植民地と両国の合併に反旗を上げ、朝鮮の独立を求めて秘密集会等の反日活動を激しく行い、この青年会館はその中心に立っていた。その挙句《あげく》、一九一九年三月一日に、三・一独立万歳事件が起きた。

つまり、朝鮮の本国で一斉に全国民が植民地と韓日合併反対を叫び、朝鮮独立を求めて日本の官憲の銃剣に立ち向かったのである。そして夥《おびただ》しい犠牲者も出たが、民族正氣と誇りを失わず一斉に立ち挙《あ》がった大事件であった。この反日国民運動の導火線に火を点したのが、この東京神田の朝鮮キリスト教青年会館の学生達であり、本国で蜂起《ほうき》する前の二月八日に、ここで独立宣言文を読み上げたのである。その記念碑が、今もこの建物の玄関前にある。

このようなキリスト教の精神による活発な学生独立運動の命脈は、韓国の独立が樹立された終戦後は無くなったが、この青年会館は今も韓国系留学生サークル活動の集まり

神田猿楽町　韓国YMCA 1954

の場として利用されている。昔は、一階に百名程の人が入れる講堂があって、いろいろと会合に利用できた。ここで音楽会も毎年二度程開かれた。即ち、三・一独立運動を記念した音楽会とクリスマス祝賀音楽会で、韓国人キリスト教信者や留学生でいつも楽しいものであった。出演者はソプラノ洪春和、黄英金、テノール韓聖鎮、バリトン金学根、バス金慶植(李仁栄)、ピアノ伴奏は李顕雄、鄭栄子等であった。聖歌や韓国民謡、それにオペラのアリア、重唱などで、それに友達の日本人の音校生等も参加して、家族的雰囲気《ふんいき》の愉快《ゆかい》な集まりであった。

私がこの会館に一室を借りられたのは、この会館の総務として学生指導の為に本国から派遣された金禹鉉牧師さんの好意によるもので、牧師さんは昔、父と三・一事件で警察に拘束《こうそく》され同じ留置室に囚《とら》われたことがあった。当時ＹＭＣＡと呼ばれたこの建物には、二十数名の韓国系学生がいたが、彼等の専攻は法科、商科、経済などが殆どであった。

二十数室の部屋は皆同じく、四坪位で入り口には物置場があり、部屋の唯一の付き物は鉄製のベッドであった。それは見ただけでもわかるすごい年代の物で、とても横になれるものではなかった。真ん中がくぼみ、たるんでいて見た目からして駄目だった。材木屋に行って、五分の厚さの板を切って貰った。それをマットレスの下に敷いたら、やっと背中が平らになってなんとか眠る事が出来た。古いソファーを買ってきたり、厚いカーテンをしたら部屋の雰囲気が変わった。本棚と塵箱《ごみばこ》はりんごの空き箱を貰って来て、紙を張って使った。特に塵箱は、部屋の隅《すみ》に置くと何でもポンと投げたら良いのと、ゴミ置き場まで毎日捨てに行かなくても済んだ。ベッドは狸《たぬき》のねぐらとの別名が付くほどで、年に一度はそれでも屋上で日干しする事もあった。

洗濯《せんたく》は、ここは皆男ばかりだったから、夏は半裸で足で踏んだりして何とか出来たけど、冬は実に苦労した。たらいに粉石鹸をふりかけて置いた後て洗うのだが、木綿《もめん》が多い時代でなかなか洗うのが難しかった。その後、やっと出始めた洗濯機を二、三台置いている洗濯屋さんのお世話になった。ここで四十分ほど雑誌を読んでいると、洗濯物が乾いて持ち帰れるのであった。そこには新聞、週刊雑誌、女性雑誌、漫画などが散らかっていた。

この青年会館の生活で一番困ったのは、暖房がなく各自が負担することだった。石油の炊事《すいじ》用と暖房《だんぼう》を兼ねられる機器を買って、使用してみると安全であった。使用した分の目盛りが大きな厚いガラスびんにあって、使いやすかった。上にのせる湯沸しヤカンが大小二つあれば便利で、小さい方でコーヒーを沸《わ》かし、大きい方は洗顔や洗濯に必要な温水用とし、又部屋の乾燥を防ぐのにも役に立った。その他、自炊用にパンと卵フライ用の鍋《なべ》、飯炊き用の鍋は、いろいろと兼用にしながら机は食卓を兼ねていた。机の下の引き出しには、お米や調味類や食器等を入れてあった。

このあたりは学生街だから食堂も多く、とても安く美味《おい》しかった。二十五円、三十円のウドン、ソバ、中華ラーメンの味は格別だった。五十円のご飯、味噌《みそ》汁、ホーレン草漬け、タクワン、秋刀魚《さんま》焼きの定食は今でも忘れられない。特にお腹が空いた時の秋刀魚の煙と香りは、郷愁をそそるものであった。

しかし、このような生活の中で一番厄介《やっかい》なのは、室内の空気である。つまり、石油ストーブを点ける時と消す時のあの嫌な煙と臭《くさ》さである。外に出る時は窓を開けて素早く出るのだが、部屋にいる時には室内空気の汚れと石油の臭《にお》いに気を使った。ふだん窓を少し開けとくとか、空気の入れ替えをするほか無かった。それに食事の事だが、韓国のキムチは日本にいた若い頃はあまり口にしなかった。週末など知人と焼肉を食べる時にはキムチを食べたけれど、やはり帰りの電車の中など周りの人に対するニンニクの臭いに気を使った。それだから、普段はあまりキムチは口にしない事にしていた。

神田のこの辺りは戦争中あまり焼けず、わりと被害が少なく昔風の家が残っていた。また神保町は本屋が軒を並べていた。それにチンチン電車を都電と呼んでいた時代である。地上を四方に走っているこの都電は、東京駅、神保町、春日町、池袋行きと九段、神保町、秋葉原行きがあった様に記憶している。自家用車は少なく、しかも地下鉄の路線が少なくてこの都電がバスと共に都市にロマンを添《そ》えていた。

神保町の本屋さんは、通りながら何時覗《のぞ》いてもどの店にもお客があまりいなかった。こんなにも古本を山と積んでどうするんだろうと、人の事ながらいつも中を覗くのだった。古本屋でたまに寄る店は、古賀書店である。音楽専門だけあって、探している本は大概見つかる。或いは、お願いしておけば連絡がくる。噂《うわさ》で聞いていた珍しい本も買えるので、貴重な店であった。今は主人が変わったとみえて、若い人が座っている。本を書いた人の名前も今の人は知らないだろうけど、百年よりも前の昔の本もあってビニールで包んである。牛山充先生の翻訳《ほんやく》した発声法の本である。見ただけでも判るリリー・レーマンの翻訳本である。古い語法で書いてあるが、発声を穿《うが》っていらっしゃる貴重本である。

昔からこの界隈《かいわい》は、朝夕だけでなく常に若い人が多く、特に学生が多い。夕暮《ゆうぐ》れになると学生で溢れる。混《ま》じって歩いていると五十年の歳月の流れを忘れてしまいそうだ。あの店この店と懐かしく残っていてくれるのが嬉しい。あれ、未だあの店つぶれないで残っているのか。そういう店が幾つかあって楽しくなる。しかし変わってしまった町並みに、このポルノ店の昔の店はなんだったけなーと考えてもしょうが無いのに立ち止る。或いは、この裏手に質屋《しちや》があったのにあれー無くなっていると、一人で昔の事に思いふけったりする。

神保町の本屋さんが無くなれば、日本の自尊心が消えて行く日になるのでは無かろうかと考えてみたりする。ノソノソと歩いては、青春の夢をこの街角で果てしなく描《えが》いては消していた若い自身の姿が、この町と共にある。雪が降る日、雨が降っていた夜、寒風が身に凍《し》みた朝、炊事に飽《あ》きた夕暮れ、独り異国のさみしさを噛《か》みしめて歩いた町だった。思い出の、落ち着いた勉学的雰囲気の学生の溢れる町。この辺り一帯が平凡な商店街に変わって行くのが、なんとなく寂しい気がする。

日本人にも戦前の植民地朝鮮に生まれ、日本人小学校や中学校で教育を受け、京城帝大等で学び、そして立派な職場で真面目に勤務していた人達が多くいたはずである。皆、終戦で日本に帰還《きかん》してきたことであろう。その一方戦争で日本に強制的に労働者として連行されて来て、悲憤と口惜《くや》しさに震え、悲しい思い出を持って終戦で帰国した当時の朝鮮の青年達。敗戦で慌《あわ》ただしく、全てを投げ捨てて本国に引き揚《あ》げる当時の危機感と無念につつまれた日本人。戦中直後、立場が急変し異なった立場になって、帰還して行った日本の人々の中に、歳月の流れと共に、私が東京に対して抱く思い出や懐かしさと同様の感情を故郷である朝鮮に対して抱く人も多いであろう。

私の尊敬する宮城道雄教授は、朝鮮の仁川の育ちと聞いた。盲目の先生は、幼少の頃より朝鮮の伽倻琴《かやくむ》を修め、日本に帰還して日本の琴の最高峰に立った。私は学生の頃、大学で先生の琴を聞いて我が耳を疑った。あの曲は確かに朝鮮の民謡ではないか。先生は朝鮮の琴から多くの事を学び、日本に帰って日本の琴にそれらを応用したのではなかろうか。「高麗の春」と題された三拍子の舞曲の朝鮮の民謡を、現代風に演奏された先生の清澄な琴の音が耳に残る。

水道橋駅から神保町に歩いて半ば右の一軒後ろに、古びたままの二階立て家屋がある。目に付かない平凡な家である。上の方に「COFFEE ERIKA」と書いてなかったら見落とす家である。つまりコーヒー専門の喫茶店《きっさてん》であり、この店は神保町に並んでいる本屋さんと同じく、一階が店になっている。昔はこの辺一帯は、皆このような家が並んでいて表も裏も通りはすべて日本情緒が満ちていた。この店にとって昔と変わったのは、入り口の木戸口がアルミニウムのドアになったくらいである。中に入ると、薄暗く狭い店内で二人の客が常連らしく世間話をボソボソとやっている。近くの会社の重役らしき風采《ふうさい》の紳士達である。一人はカウンターに座って、一人は椅子に座って主人らしき品のある白髪の人と話し合っている。やっと一人通れる土間のような所を通って、奥の方のテーブルに座れた。なにしろ暗く狭く、迂闊《うかつ》には歩けない。社長だか重役だかの二人連れが帰ったようだ。

十五坪にも満たない狭さのようだが、テーブルも椅子《いす》も一回り皆小さくて幼稚園《ようちえん》に来た感じがする。壁も天井も汚れているのか、黒いから周りに気を使わなくて良い。二人で向かい合うより一人の方が楽な小さいテーブルの上に置いてある灯《あか》りでは、新聞を読むのは無理に近い。だからここでは、皆薄暗い聖堂の中に座っているように黙っていれば良い。

ありがちな音楽が無いのも素敵《すてき》だ。二人だけの会話にはその方が良い。或いは、ひとりで座っていたい時だって誰にでもある。しかし、それにしてもこの店には不思議な魅力がある。ここに座っていれば落ち着いてくる。遠い旅から帰ったような気がするから東京に来たときとか、韓国ＹＭＣＡ会館に泊る時などには寄ったりする。数十年という歳月が小川の流れのように去って、疲れ果てた身を、見知らぬ世間の群れから逃れて来た気がするのだ。旅に、放浪に疲れた、老いた蕩児《とうじ》のような哀れさを、煎《い》れ立てのコーヒーのかすかに顔にのぼる湯気と香りに感ずるのだ。ほのかなランプの灯《あか》りを顔にうけて座っていれば、レンブラントの絵のなかの老人のような気にもなる。

若い学生の折、身に凍《し》みる侘《わび》しさに何となく涙したこの町だった。人間にはたまには戻ってみたい時と、覗《のぞ》いてみたい所があるようだ。心の奥底に残っている、この町を共に歩いたいまは亡き先輩や友人たち・・・。夢に浮かれて歩いた終戦後の東京であった。

バラが咲いた

指を折って数えてみると、それは五十年前の事になる。多くの想い出も、適当に忘却の彼方に消え去るのが人間の常なんだろうに。しかし、昨日のように生々しく鮮やかに脳裏《のうり》に刻まれた思い出もあるものである。

一九五六年の三月も末に近く卒業式が多い時期のある日、私は新宿の三越百貨店の七階屋上のベンチに座っていた。その日は温かく、日曜日の午後とあってか家族連れが多かった。当時の新宿は高層ビルが無く、焼け残った三越と伊勢丹位のもので、見晴らしが良く、お天気な日は富士が見えるとかの事だけど、重い胸の僕には富士の方角も振り向き探す気にもなれなかった。一階から七階まであれこれと探しながらぐるぐる登りつめて、足も重く疲れて投げ出した有様でベンチに座っていた。

茫然《ぼうぜん》と広い都会の果てを見てるだけだった。遮《さえぎ》る何も無い見晴らしだった。遠く遠くどこまでも霞《かす》んで見えるだけだった。そうだ、西の西、又西の遠い西の方角に俺の国があるんだ。今は惨酷《ざんこく》な南北戦争が休戦になったけど累累《るいるい》たる死者、負傷者、廃墟《はいきょ》、飢餓《きが》、貧困、混乱さは戦争の歴史上前例が無いという。俺の国、韓国はここから何キロ位西の方だろうか。三千キロはあるだろうな。きっと西の角度の遠い向こうだろうな。早く勉強を済《す》ませて自分の国に帰ろう。そうだ、帰るんだ。たとえ廃墟でも、愚かでも、空《むな》しくとも帰ろう。

有難い事に音楽学校で四年も基礎を学んだし、勉強が終わっていろいろ苦悩が押し寄せ、帰国しようかなと思っている矢先に願っても無い幸運が待ち構えていようとは…。去年の秋に藤原義江《ふじわらよしえ》先生に見いだされて、歌劇団に抜擢《ばってき》された。四月十九日の卒業オペラ椿姫(日比谷《ひびや》公会堂)に先立つこと七日前の四月十三日(東京産経ホール)に日本でデビューするのだ。二つの公演が重なったけど何とかなるさ。必ずやり遂《と》げてみせる。日本の聴衆に俺の歌声を聞かせてさっさと切り上げるんだ。そして父母の待ってる自分の国に帰ろう。しかしひょっとするとオペラを又もっとやれるかもな。それなら、またとこんな機会は無いことだから、勿論続けて頑張《がんば》ってやろう。やれるだけやってみて荷物をまめてやるさ。簡単なこと。

自分の目標は立っていた。しかし日本に来て大学で学ぶ間、実に不安定な生活が続いていた。戦争と混乱で学費の調達が難しかったのである。韓国と日本は国交が無く、韓国とアメリカは送金が出来ても日本とは送金が出来ない有様であった。李承晩政権と日本は関係が悪く、それに戦争の被害で送金どころでは無いのが実情だった。戦争が終わっても鎖国《さこく》に等しい国内事情で、外国に出て来る人もいない。人を通した時折の送金は、実に有難いが焼け石に水であった。

毎日オペラの練習に走り回った。上野と赤坂を駆《か》けていた。もう直ぐオペラの舞台に立ち、その成果で大きく未来が変るかもという漠然とした未来にかける思いもあったけど、二十五歳にもなった自身が、又親の仕送りを待つのもあまり気分の良いものでも無かった。オペラのデビューを十数日残したこの日である。卒業オペラなどは、眼中に無かった。学生オペラは所詮《しょせん》学生オペラでは無いか。それよりも藤原オペラが僕の将來には重要に思えた。あらゆる情熱を傾けて燃やすんだ。声の限りを劇場内に響かせるんだ。日本人を前に堂々と歌うんだ。

当時の大学には、学生の年齢がまちまちであった。三つ四つ五つも差があったり、兵隊帰り等がいて面白かった。だから二、三年の浪人再試験生はざらにいて、それが有名校には付き物であった。だから僕の場合は、年の事などあまり気にもしなかった。しかし、日本育ちの学生に比べ、終戦後の韓国国内の事情等で、音楽の勉強に空白があり、音楽理論の基礎等に弱い面があった。

東京で音楽家になるべく、芸術的雰囲気で厳しく教育を受けた人とは違っていた。急に説明を受けても知らない事が多く、理解が遅い場合があった。つまり、田舎《いなか》丸だしの熱血漢、この一語に尽《つ》きたとも云える。しかし、これを克服するのに二、三年はかかったように思える。そして、周りの学生たちが僕を実に親切に仲間に入れてくれて、楽しく勉学する事が出来た。学生の中には、男も女もツンとして何でも判《わか》った顔しているのも、澄ました顔しているのもいて嫌われていたけど、僕は誰とでも不思議と仲良かった。人もいろいろで、付き合えば楽しく、日本人と日本を知る上で大きく勉強になった。

話が横にそれてしまったが、この日、僕は暇《ひま》で三越百貨店の屋上に座っていたのではない。ポケットに入っているのは僕のデビューオペラになる切符が二枚、つまり招待券が入っている封筒《ふうとう》があったのだ。そして、千円の紙幣が一枚あるだけだった。つまり、四年間手をとり足をとって最善を尽《つ》くして教えて頂いた私の大学の恩師矢田部勁吉教授のお宅を訪問しようとしているのだった。しかし招待券だけでは気が済まず何か贈り物をしたかった。ご恩に値するものが欲しかった、結局千円では何にも買えず、屋上に来てしまったのであった。しかし、百貨店の多くの品物のおよその品の定価表を三時間ぐらいかけて見て歩くのも為になった。特に出始めた珍しい電気品、家庭用具などは面白かった。

屋上には、子供の遊び道具が二、三あった。それに金魚屋、小鳥、花屋があって花屋さんは春らしく小さな苗木をずらりと並べてあった。僕は腰を上げて歩きながら金魚を見た。可愛いけど金魚は駄目。ガラスのいれ物に水を入れて運ぶ。小鳥も難しい。籠《かご》の持ち運びがお宅まで自信が無かった。それに、金魚も小鳥も千円では入れ物まで駄目だった。次は花屋さんだった。お花を買って行くのも気にいるお花は凄《すご》く高いのに驚いだ。並んである苗木は、バラが多かった。みな花は咲いて無く、小さな紙にこれから咲いて来る色を書いてあるだけだった。みると隣にスコップと親切に肥料まで揃えてあるではないか。値段《ねだん》も肥料一袋まで入れてもお釣りがくるので、紙袋に包んで貰って西荻窪の先生のお宅に伺《うかが》った。

駅から五分の処《ところ》に先生のお宅はある。閑静《かんせい》な裏通りで、北ヨーロッパスタイルの重厚な感じの木造建てだった。遠くない所に中央線が走っている筈《はず》だが、列車の音が苦にならない。厚いカーテンが防音の効果があるらしい。だから、いつも薄暗い感があるけど雰囲気が芸術的で一九世紀末のロマンが、高い天井とグランドピアノを良く調和させていた。昔は先生が歌われていた頃、この広い部屋で奥様の伴奏で練習されていたであろう光景が想像できる。日本最高のバス歌手として、ドイツ歌曲の解釈者として、発声法の本を書き、多くのお弟子を育て上げた先生である。国立(くにたち)音大創立五人組みの一人である。その昔、有馬大五郎、武岡鶴代先生などと組み、自分の出身校である東京音楽学校の硬直した官立の校風に反旗を掲《かか》げた先生である。芸術の自由と西洋式薫風を入れた校風の夢を、国立で謳歌《おうか》したと考えられる。そして、母校の東京芸大教授に移られたのは終戦後の事である。

先生は、東京音楽学校(現東京芸大音楽学部)を一九一九年（大正八年）に卒業となっている。だから韓国人最初のピアノ専攻者である金英煥先生は、同期で入学し一年早く一九一八年に卒業している。矢田部先生は、奥様との恋愛事件で停学処分され、一年後れたと聞く。奥様は美人であった。学校で歌っている歌の詩は、皆ドイツのハイネやロマンの香り高いものである。しかし、学校では女子学生とは話をしてならぬ等の厳しい規則で、酷《ひど》い雰囲気だったらしい。当時は教授を教官と呼んでいた時代だから、士官学校に似ていたかも知れない。

金英煥先生は、韓国ピアニスト一号である。韓国最初の女流ピアニスト一号の金元福教授の先生である。国立音楽学校の出身者には韓国人が多い。金元福、安益泰、金聖泰、洪性宇、李永世、盧信玉、金淳烈等著名な音楽家が多く、数えられない程である。そして、みんなが何らかの形で恩師の矢田部先生の薫育《くんいく》を受けたのである。金元福先生は学生でありながら、矢田部先生指揮の合唱の伴奏をしたそうである。私の手元には、安益泰先生がヨーロッパから矢田部先生に送った感謝の手紙がある。矢田部先生から頂いたものである。

先生と僕は、庭の隅《すみ》の日当たりの良い所にバラの苗木を庭に植えた。子供の頃から田舎で見て育ったせいか、肥料も適当に離れ根に触れず二重に敷き、手で土を叩いて周り

恩師　矢田部勁吉教授を訪問 1965

に堤《つつみ》を作って、水が外に流れないように念をいれた。コーヒーを飲みながら先生から感心したと言われて笑った。実は父の見真似《まね》だったのである。当時お金があったらきっと財布《さいふ》はたいて先生に何かご恩返しの品を買ったはずである。しかしその当時は送金も無く、何かあったアルバイトも切られてしまって金欠病の最中であった。それにオペラの練習で他の事が考えられない有様であった。朝は寝坊で、時間ぎりぎりに駅に向かいながらコッペパンを食べていた。しかし、これは俺だけでは無い。日本中の学生や若者がしていた毎日である。

恩師矢田部勁吉教授は、限りない恩情を私に下さった。だから四年の間歌のほか、人間として大きく教わったのである。先生は昔の植民地であった韓国の留学生に対して日本の学生と少しも変わり無く、厳しく愛情をもって教えて下さった。長い夏休みにもわざわざ呼んでレッスンを欠かさず、教えて下さった。勿論お金が無いから謝礼が出来なかった。少し体裁《ていさい》が悪くきまりが悪い場合が多かった。他の学生が居る場合には、余計に困った。そういう事を考えて先生は私に家の何でもない雑用を考えていて下さった。先生の蔵書のホコリと古いＳＰレコードの水雑巾拭き等であった。

先生の本は原書が多く、難かしく判らないのが多かった。レコードの場合には、この頃はハイファイＬＰからステレオＣＤになっているけど、昔は今のように贅沢《ぜいたく》では無く、出始めた外国のＬＰは何処《どこ》にでもあるのでは無かった。当時、ピンツアのバスアリア集が一枚渋谷《しぶや》の喫茶店にあるとて学生たちがどれだけ聞きにいったか知れない。そんな時代だから先生のＳＰレコードは僕にとっては、宝船のようなものであった。

僕と同じ年頃では、誰も知らない世界的名歌手の経歴、曲目、傾向を即ち一九二〇年、一九三〇年代の人々を知るという事が嬉しかった。この頃はどこの国でも、豊かで何でもあるから若い人たちは苦労が無い様に見える。実に平凡で、努力も無く駄々《だだ》喰いしながら成功した有名人を追っているように見える。終戦後の空腹時代を知らないから感心させられる人が出て来ない。本場のヨーロッパに行っても凄《すご》いのが居ない。小回しの効く歌、録音技術だけが眼立つのが精一杯であり、マスコミで有名だと聞くだけ失望の失望である場合が殆どである。

一九五九年一月になると、はじめて日本から母国訪問団があると言う。その団体に付いて韓国ソウルを見た。感激であった。植民地時代、日本人が建設した中央商店街、日本人居留地区、官庁等が幾つか残る他、細い曲がった路地が、数限りなく続く古い韓国人居住地が、それでも判然と区別されて残っていた。日本人が住んでいた町や日本家屋のある所は、それでも整理され塀《へい》が立派に残っていた。木造の日本家屋は基礎が良いのかどっしりしてみえたが、それに反して朝鮮式旧家屋は路地の奥に向かい合って立ち並んでいたり、ごみごみした地域の中にあった。しかし文化財の価値のある家等を見ると、良くも焼けずに残ったと感心の思いがするのであった。そしてだんだんと古びて行く古い朝鮮家屋のある路地などには、廃虚の臭《にお》いがしていた。私はその年の九月二十三日に韓国日報の配慮でソウル唯一の音楽会場(六百席)である明洞市公館で華やかな独唱会を開く事が出来た。

その裏には、藤原義江先生の影響力が大きかった。主催の韓国日報の張基栄社長と藤原先生はお知り合いであった。間に入って僕を紹介したKBS交響楽団指揮者の林元植先生には自然と指揮を振って頂く事となった。曲も管弦楽伴奏になったから自然と韓国初演が多くなった。バッハのカンタータ八十二番、モーツァルトの演奏会用のアリア、ヴェルディのオペラアリア、グノーのオペラ〝ファウスト〟のセレナーデ等を歌った。二十九歳だった僕には、若さと声があり余っていたのだった。日比谷《ひびや》公会堂で、二千人を前にいつも歌っていた僕の声は、八十人の管弦楽団と六百人（収容）の小さな劇場を、声量からして圧倒していたとも考えられる。自信に満ちたバスの響きを持っていたのだった。そして十月には、プッチーニのオペラ〝ラ・ボエーム〟の韓国初演に哲学者を歌い演出の真似《まね》までして二ヶ月振りに東京に戻った。藤原オペラでは、十二月のオペラ〝トスカ〟の公演が待っていた。

韓国で四回の独唱会を「ソウル、釜山、大邱、光州」で開催した。壊れた窓ガラスもある混雑した汽車を通して、戦乱が齎《もたら》した何も残ってない祖国を見た。完全に破壊された都市の残骸《ざんがい》と、生存意欲を失った哀れな人間のおびただしい群れ、剥《む》き出しの人間性と生存競争の様相を見る事が出来た。ここでは、音楽も芸術も学問もあまり生きる術《すべ》にはならないと見えた。しかし、だからこそこの人達が求めている、魂への芸術への強い欲求を舞台や講堂で教会や教室で、どこでも歌いながら私にひしひしと迫る生々しい生きる熱意に九月から十月は汗でぬらした。扇風機一台無い汗ばんだぎっしり詰まったこの人達を前に、どこでも喉《のど》よ裂《さ》けろと叫んで歌った。神よ、この民族に哀れみを。この人々の涙を拭《ふ》き、この人々に祝福あれと…。

そして〝ラ・ボエーム〟の韓国初演の公演を終えて東京に戻った。僕の好きなオペラだった。若い夢を育てた恋の美しい哀歓を、貧しい芸術家を通じて流れるように描いた名作である。戦後の日本でも、若者は貧しさと美しい恋を夢に描いていただろう。藤原オペラでもよく公演した。その中の哲学者の役は、僕の当たり役の一つだった。残酷な戦乱の後にも関わらず、韓国でも六百名収容の小さな劇場が昼夜公演いつも人で溢れたが、無料招待の形のものであったからお金にはならなかった。制作費もかからない安さで、それに出演料も無い。交通費ぐらいの乞食《こじき》オペラの出演料であったが、それが現実なソウルでは不満も無く、舞台ではもっと雰囲気が出るのであった。やれるのが嬉しくて集まったみたいだ。オペラは、好きな者同士の歌いたいのが集まるばかか声張り上げる所であった。だから殆どが中学や高校の音楽の先生をしているのであった。空前の成功を収めた独唱会やオペラではあったが、ソウルは又芸術とお金は別なもので僕は気にもしなかった。ここでは全ての芸術家が貧しく、それが当りまえであった。そして、みな悠然《ゆうぜん》としていた。一躍自分の国で名前だけ有名になって、僕はノコノコと東京に帰って来た。

ところが、矢のような帰国を促《うなが》す手紙になかなか心が落ち着かず困った。戦乱の後の廃墟と混乱の中で、必死の生存にあがいでいるソウルが頭から離れないのであった。焼け野原に放り出されるという不安もあった。日本での如く又乞食《こじき》学生生活のようなものが始まると思えば、苦労が身に沁《し》みるなーと考えもしたけど、しかし完全に破壊されて、これからは新しく立ち直ることしか残されていない所に夢があり、やり甲斐《かい》があるのではなかろうか。乞食のような父母の国でも自分の祖国ではないか。小さな碌《ろく》でもない芸術でも、それしか出来ない自分は、力を合わせて行こう。

藤原先生や韓国系のいろいろな方から帰国はまだ早いと言われたけど、僕は僕なりに自分の限界を感じていた。年齢的にも新しい突破口が必要だった。世界の何処《どこ》にでも行って見たかった。そこで歌ってみたかった。そして自分の夢の代わりに新しい世代を作り上げ、次の世代に尽《つ》くそうと思い立った。つまり、一粒の麦の種になろうと思い立ったのであった。

僕は、招きに応じて一九六〇年の四月に帰国する事にした。しかし言葉では簡単だけど、人生の重要な岐路に立たされた。そして、五年の歳月が韓国で矢のように流れた。非常に忙しく、貧しかった。毎日学生を教え、独唱会、音楽会、オペラの練習、公演、そして結婚をした。娘が生まれ、また娘が生まれた。借家では困るので、ソウルの外れの方に小さなボロ家を買って移った。また、娘が生まれた。僕は自分の性格と個性を引き締め、全ての生活と音楽にたるんだりする事の無いように厳しくし、妥協を無くしたので、いろいろ周りとトラブルもあったり、嫉妬《しっと》の対象にもなった。絶対に人々に捲《ま》かれることや適当に人々が芸術家を見下す有様に我慢ならなかった。僕は大統領の面前の、いわゆる御前演奏でも酒を飲んだ後だとか、後ろの閣僚の態度が気に入らなければ、歌を中断した。いま考えると、随分危ない橋を渡った。しかし、政府の重要行事の場合には最善を尽くして協力もした。

音楽の先生は、学校とは別に生活の為に個人レッスンでお金を稼《かせ》ぐということを当然の事のようにやっていた。しかし、僕の場合は別だった。歌の勉強をしようとする三人に二人が貧しくお金を月々持ってくるのはまれであった。だから僕は、いつもお金のことは言わなかった。昔、僕が矢田部先生にレッスン代を払えずきまりが悪かった事を思って、先生の恩恵を自分の学生たちにした訳《わけ》である。本当にあの同時は、先生も学生も貧しかった。それだけではない。飯が食えないのも居るからいつもご飯を余分にするように云ってある。しかし酷《ひど》いやつは、食事時間に合わせて来るずうずうしいのもいた。だけど僕の学生の頃を思い出して、僕は笑って済ませた。

こんなのがごろごろしていて、便利なときは引越しの場合だけだった。学生なのか家族なのか判らなかったが、今はれっきとした大学教授になって、私の弟子だけ数えても全国に専任だけで四〇人とかになるそうだ。皆留学していて、良い声のもいる。そして、何人かは現在でも素晴らしい演奏をやっている。ドイツやアメリカで活躍しているから、今でも電話が来たり、薬を送って来る。この頃は、彼らの歌を尋《たず》ねて来てもあまり聴かないことにしている。聴くと何かと言いたくなり、文句が出るから駄目だ。特に、夜の彼らの独唱会やオペラの出演は苦痛だ。変わり番でやるから、僕の夜が無い。それに疲れが酷《ひど》い。しかし彼等は僕の生活とレッスンにまつわる笑いと奇抜なレッスン語録を集めて、僕の死後に出すそうだ。これは脅迫《きょうはく》にちかい。

一九六五年の五月に、五年ぶりに日本の土を踏む事になった。韓日修交が調印され、国交が開けたのである。その記念音楽会が、日比谷公会堂であるのだった。つまりソウル市立交響楽団の東京公演であり、僕は二曲を歌った。ヴェルディのオペラ〝シシリーの晩祷〟より「お祖国よ、」もう一曲は韓国歌曲であった。今回の日本訪問は、矢田部先生に前もってお知らせしてあった。

それで到着の翌朝に、僕は、先生のお宅に午後に訪問しますと電話をかけた。奥様の懐かしいお声である。「金さんー。」それから僕は気が遠くなった。奥様の方に変化があったのだ。あやうく公衆電話の受話器を落とすところだった。奥様が歌を歌ってる。電話で…あー高齢でご無沙汰《ぶさた》してる間に、認知症になられたのか。僕の眼には涙が滲んだ。しばらく僕は黙っていたら、奥様が歌を止めて今度はお笑いになるのだ。

「あのね、今日本でこの歌が流行《はや》っているのよ。バラが咲いた、バラが咲いた、真っ赤なバラが…。貴方が植えたあのバラが大変なのよ。あまりに大きくて美しいのよ。毎年金さんバラ、金さんバラでコーヒーもそこで飲むのよ。早くいらっしゃい、」やっと、僕の眼には涙が流れた。先生は奥様と二人だけだった。家族がいなかった。確かに僕が植えたバラは買った時の紙に小さく、黒バラと書いてあった。子供の頃からバラは見ていたけど、何だか意味ありげでロマンチックな名前の黒バラなんてのは見た事が無かったし、何しろあの時蕾《つぼみ》があっても小さく色も付いてないはずだから、花屋さんの紙切れを信ずるほかに方法が無かったと思われる。それが大きな木になり、深紅の色をいっぱいつけて、あたり一面香りを放つ黒バラ…。

僕は、一九六六年から藤原オペラで五年間再び日本に来て歌うことになった。トスカ、ラ・ボエーム、リゴレット、アイーダで一番多く歌ったのはやはりトスカであった。特に面白いのは、同じクラスのテノール五十嵐喜芳のカヴアラドッシ、栗林義信のスカルピア。そしてバスである僕の脱獄犯アンヂェロッティであった。三人は、芸大卒業の第一期学生オペラ〝椿姫〟以来、何かと共に歌う事があった。

〝リゴレット〟では、僕は殺人者スパラフチーレの役であった。これも確か三人が一緒に歌ったと思う。アイーダでは祭司長の役であった。バリトン栗林君がアモナスロだった。僕はバスだから、役がいろいろ変化があって面白かった。韓国では、もっと変わった役をやっている。フィデリオのロッコ、春香伝の悪代官、ファウストの悪魔、魔笛のザラストロ等いろんな役を歌ったりした。つまり、韓国と日本を行き来しながら、オペラを歌った。そして、第九交響曲、荘厳ミサ、エリア、メシア等の独唱者をつとめカナダ、アメリカ、台湾、オーストリアなどの各地で独唱会や音楽会、国内の独唱会や音楽会に出演、又教授として学生を教え、学生オペラを指導し、発声に関する論文をいろいろ発表した。当時は体も軽かった。

アメリカの演奏会の帰りには、帝国ホテルによって藤原義江先生をお訪ねしたり、東京で歌ったりすると矢田部勁吉先生をお訪ねした。ある日、先生は奥から小さな箱を持って来られて形見《かたみ》の品を先ず君から取るように言われてびっくりして覗《のぞ》くと、箱の中には万年筆、カフスボタン、ネクタイピン等いくつかの品があった。僕は一番小さいカフスボタンを取った。大きいのがあるのにと先生のお言葉に、「沢山の人が居られます、これで結構です。この品は先生が若い頃の独逸留学の品です。先生のYの字が入っています。」よく覚えているね。そして、「この製品は瑪瑙《めのう》だと申されました。」先生がまた奥に入られて一つの小さな皿を持って来て僕に下さった。

焼き物の皿には何やら字が書いであった。五つだけ直接書いて焼いたから、これは君の分だと申された。チョット読みづらいが独逸語の詩であるらしい。詩ですかと聞くと先生は「シューベルトだよ。ゲーテのWanderers Nachtlied(放浪人の夜の歌)だよ。」良く見るとどうもそうらしい。「古い独逸語を使って書いたけど読めるだろう。」なるほど、むかし先生からこの曲は短いけど人生の黄昏を知らなくては無理だよ、と言われた。

僕は、元気なあおい渋柿《しぶがき》の一年生であった。シューベルトやブラームスが好んだ詩も、みな老年になって死を間近にした心境を歌っている。この詩心が理解出来ねば 無理だと解る頃は、人間はもう墓場に近いか、逝《い》っている。「梢《こずえ》に囀《さえず》っていた小鳥もみな帰っていった。暗闇《くらやみ》迫るこの夕暮れに、僕にも憩《いこ》いが。来よ、永遠の安らぎの憩いよ。いつになれば。」僕は、独唱会の三曲目当りのアンコールで、よくこの曲をやっていたが、解るような解らないような難しい歌だったような気がする。

「静かに消光しています。」と晩年の気持ちを送られて来た先生のはがきに、僕の心がいつまでも泣いた。そして、もう金さんバラと名づけられて喜んで頂いた貧しい学生の植えたあのバラの花も見ることはあるまいと思った。亡くなられた先生も奥様も実に立派な温かい品格の人柄であった。昔の植民地からの留学生である私に、大きな愛を惜しまず下さった。国境を持たない恩師の一人であった。

一九五〇年頃、ありし日の父と母。

玄海灘《げんかいなだ》を越えて

終戦後の韓国は、激しい混乱が続き、教育は空白が大きかった。若い学生達は、勉学の為に日本に渡航したがっていたが、それには大きな難関があった。過去、日本留学中に戦争で学業を中途で放棄《ほうき》せざるを得なかった人々、特殊な学問を専攻する人々、日本に縁故のある人等は日本留学を希望していた。戦勝国アメリカにとの声もあったが、アメリカは遠く、しかも誰でも簡単に夢を見られる想像も出来ないものであった。韓国の若い人達が留学を望む日本は、終戦で敗戦国になり、又韓国は当時日本の植民地から開放されたものの、南北に分割され、日本とは国交も無く、帝政時代のように定期連絡船なども有るはずが無かった。それに旅券とか渡航証も無い状態の両国の関係にあった。そのような事態でも自然と距離が近く、生活環境が似ている日本留学に若者たちの関心が集まり、親戚《しんせき》がいるとか、親しい知人がいたりすると余計《よけい》行きたがっていた。

しかし、正式留学がありえない当時では、終戦後の混乱にまぎれて密かに日本に渡航するより方法がなかった。特に、日本に滞在して帰国できずにいる数十万人の在日同胞のお世話になれば、何とか留学の道は開けるとの噂《うわさ》が流れていた当時であった。しかし、韓国の港や魚村の何処かにあるはずの密輸業者や密航斡旋者に巡《めぐ》り会い、信頼できる安全な船舶に乗船できる可能性は難しく、且つ安全の保障もあり得ない危険と冒険が伴《ともな》った。しかも噂では悪質業者や詐欺《さぎ》に遭《あ》うとか、悪い天候で船が難破して全員死亡したとかの恐ろしいものであった。まともな人間だったら、誰でもその怖《こわ》さに日本留学希望を断念する、当時の若者達の現実だった。

僕も南海岸の港や魚村を尋《たず》ね歩いたりしたが、相手にされなかったり、無駄な月日を費やした。家では馬鹿《ばか》な真似《まね》をするなと叱られ、又あまりの熱心さに呆《あき》れていた。その内に誰も僕をまともに見なくなって、僕自身も意地《いじ》でも日本に行かざるを得なかった。ソウルに新しく音楽学校が出来たと言われても、もう僕の気持ちは行く気になれなかった。僕のような半端な出来損《そこ》ないの人間が狂人だと思った毎日であった。そんな哀れな息子を心配げに見ている母に済まないと思いながら不孝を心の中で詫《わ》びていた。密航すべき船賃も母から頂き、日本に近い韓国の海岸を尋ね歩いていた馬鹿な息子であった。三度目の正直と言うけど、僕は熱心に尋ねて歩いてたらやっと業者に会えて話しにありつけた。失敗は成功の元と云うが、十九の年で何度も騙《だま》されそうな破目《はめ》に落ちた

日本留学を夢見た海辺にて(18歳)

り、悪質な人間にも出会った。そんな日が続いていた毎日であった。

僕は、家の前で母にお別れの挨拶《あいさつ》を深く、深くした。「お母さん、行って参ります。」その日の朝は海風が冷たく、頬《ほほ》や耳朶《みみたぶ》を引き裂くような激しいもので、身震いがした。母は僕の手を取ってお祈りをして下さった。「イエス様、私のこの息子は家を出て見知らぬ遠い処に行こうとしています。親兄弟、親戚、誰一人いない処です。生来身体もひ弱でした。いくら止めても聞きません。あの玄海灘の荒海です。殆どの船が難破して死に、或いは日本の警察に捕まるそうです。音楽の勉強に死を決しても行くと言って狂ったようです。イエス様、私の哀れな息子をお守り下さい。いつまでも、何処までもお守り下さい。聖霊が彼を導いて前を照らして下さい。彼と共にして下さい。」母の熱い涙が何度も僕の手に落ちた。

僕は振り向かなかった。背に母の視線が感ぜられ、僕は早く母の視界から消えたかった。足早に歩いて、角を曲がりながら母に手を振った。そして約束の地点に早めに着いて、少し離れて建物に身を隠すように冷たい風を避けながら、連絡の人を待った。海岸沿いや裏道を人目を避けて歩き、市のはずれに来てバスを待った。故郷を良く見納めようと思った。家の方角は見えないが、裏の山や海、そして港は見えた。田舎の山道を一時間ほど揺《ゆ》られて、見覚えのある小さな魚村のはずれに又やって来た。小さな魚船が二、三隻あるだけのこの魚村で起きた、一週間前の事を思えば恥ずかしく、しかも怒りをおぼえた。その時も矢張り今日のように、船乗りの溜《た》まり場のようなうす汚いあばら家に着いた。しかし、しばらくすると張り込んでいた警察に捕らえられ、交番所の留置場で一晩を冷たいセメントの上で眠れぬ夜を明かした。翌朝、縄《なわ》をかけられトラックの上に乗せられた。故郷の釜山の市内をトラックは通り、釜山警察署の留置場に送られ取調べを受けた。今度は大きな留置場で、見るからに人相の悪い雑犯のような者まで三十人程は屯《たむろ》していた。夕刻に出所すると言っている学生らしき人に近寄り、僕はそっと家への電話をお願いした。二人連れのこの学生は、飲んで喧嘩《けんか》をして入れられたという。

本署の留置場で眠れぬ夜を明かし、朝が来た。九時になると俄然《がぜん》忙しく、だんだん呼名される人が多くなった。放免される人と再調査を受ける人で、みんなそわそわしている。僕は、昨日の学生が家に果たして電話連絡をしてくれたのか心配だった。やがて、僕が呼名されて出ると二階につれて行かれた。見ると捜査《そうさ》課長とあるではないか。何だか知らないが僕の顔から血の気が引いた。恐る恐る中に入ると、僕の方を見て笑い声が起きた。顔見知りの人がいて、兄と座って笑っている。顔見知りの人が、警察とは知らなかった。兄が「オイ、えらく早かったなあ、日本はどうだった」。恥ずかしいやら身の置き場がなかった。兄は、僕より七つ上でそれでなくても僕の音楽希望に反対していた。家に戻ると「馬山(ウマヤマ)県に行って来た」と家族の皆から笑われた。まったく何ということだ。日本行きは、当然挫折《ざせつ》すると思ったが、どうも密航斡旋者と警察はグルらしいとの父の言葉だった。そうだったのかと思うと、余計に腹が立ってしょうがない。金返せと電話で怒鳴《どな》ったら、僕の電話にマゴマゴしながら驚いている。まさか、こんなに早く警察から放免されるとは思ってなかったらしい。これはきっと権力のある背景の息子と思ったのか、この男が明日の晩は間違いないと云う。

物置小屋のようなあばら家に入った。隣の部屋では、船乗りのような男達が花札を賭《か》けあって騒いでいる。こちらの部屋は、土壁に下には粗《あら》いござが敷いてある。すごい煙草の煙である。しきりと煙草をふかしている。お互いに視線をそらして、全然会話も無い。僕は、眼が煙で沁《し》みるので、隅にある小さな窓をすこし開いて鼻を近づけていたが、ごろりと横に寝転んでしまった。起きていても夜を待つのは同じ事と思ったからだ。人々を背にして、エビのような形になった。そっと手でパンツに縫《ぬ》いこんだ日本の円を触《さわ》ってみた。日本に着いて、家から送金が来るまで生き延びる為の大事な命の綱である。盗まれないように縫いこんだのだった。いよいよ今夜は生死の分かれ目だと思うと、緊張と興奮で心が騒ぐ。心配げな母の顔が浮かび、毎晩の家族の笑い声が聞こえる。今度は、どんな事があっても海に出るのだ。そして、日本に着いて東京まで行かなくてはならない。母の眼からも涙が流れていたのが思い浮かんだ。そして僕の眼からは、止めどもなく悲壮で危険な航海を前に流れるのだった。「神様、私と共にして下さい。イエス様、私に力を与えてください。無事に日本に行けるように導いて下さい。私が無事勉学を終えて、帰国できますようにお守り下さい。」

起こされてみると、隣に誰もいない。慌《あわ》てて外に出ると、海辺に行けと言われた。三〇メートル位離れた浜に行くと、暗闇に人がいる。船に乗ったら下に入れと言われた。大きな船かと思ったら、さっきからいた魚船のどれかだった。いわゆるトントン船なのに、入れといわれた所は獲《と》った魚を入れておく所ではないか。僕は知っている。獲った活《い》きてる魚を海水の中に入れておく、一坪ぐらいの穴ではないか。まごまごしている場合ではなかった。一メートル四方程の入り口を下りると、人を踏みながら降りたわけだった。人がいっぱいで座るところはなかった。のしかかり、踏《ふ》んずけながら入り口の真下にとにかく割り込んで、縮みながら壁に背を向けた。真っ暗闇の洞穴で海水は無く、人で身動きが出来ない。

完全な沈黙の中に空咳《からせき》ひとつ無いが、この狭い所にいる全員が凄い緊張と不安で、僕と同じくきっと心臓が高鳴っていると思えた。頭の上から何か渡された。大きな空缶《あきかん》であるが、高さが三〇センチ直形二〇センチぐらいだ。何に使うんだろうと思ったがとにかく前にした。皆足を前にのばして出来るだけ楽な姿勢でいる。僕も足を誰かの上に乗っけたが直ぐ逆に乗せられてしまった。虫の息で三〇分もすると、トンと音がしてやがてトントンと船が動き、軽く滑るように出た。フーっと一斉に深い安堵《あんど》の息をしている。どうやら見えないが、この狭い中に十人以上はいるのかも知れないと思った。万感が押し寄せて、死に向かう悲壮さに涙が流れ、もう後には引けない自分に心が痛んだ。「お母さん行って参ります。成功するか、失敗するか誰もわかりません。神様だけが知っています。万一失敗してこの海で死んでも、誰の責任でもありません。お母さん、私は出来の足りない拙《まず》い息子でした。天国でお逢いしましょう。万一学成って、志を果たしたら、必ずお母さんの許《もと》に帰ってきます。イエス様、歌を歌ったりするのは、職業にならないと言われ、叱られました。こんな人間でも、自分の芸術で少しは国の為に、人々の役に立てられる人間にして下さい。祖国の許《もと》に帰られる人間にして下さい。イエス様。私を助けて下さい」。

いつの間にか荒海に出たと見えて、船が大きく揺《ゆ》れている。最初は聴き辛《つら》かったトントンの単調な音も苦で無く、問題は煙りであった。完全燃焼されない臭《くさ》い煙に参ったが、それも諦《あきら》めた。船の酔《よ》いが来始めて、頭が痛くなり出した。

一時間か二時間ぐらい、と思って我慢したが誰かのウェッと吐《は》く音がした。とたんにあちらこちらで吐き出した。隣の吐く臭《にお》いに感染されるらしく、僕も吐いた。狭い所で吐いて吐いて、空き缶が重くなった頃、船乗りの人がひとつひとつ全部海に捨てては又戻してくれる。まだ吐き足りないと思ってるようだ。本当に驚いた。人間の体内からこんなに汚物が出るのか。暗闇の中で何時間も吐いて、もう何も出て来なくなった。益々船は大きく揺れる。頭の中も空っぽになってきて、ボーッとなっている。身体は船の揺れによってぐらぐら動く。みんな風船の人形みたいに力が無く、魚屋さんの店先に並べられた魚に思えた。

もう時間のことも忘れた。外が少しずつ明るくなってきて日が差すと、上の蓋《ふた》が閉められてしまった。空気が悪い。誰かが立ち上がって半分だけ開けた。すると船乗りがきて、上に網《あみ》をかけておいた。まるで家畜を運ぶ奴隷船《どれいせん》だと思った。

船は魚を獲《と》っているようだ。あっちにいって操業をして、こっちでは日暮れを待つ様子に思えた。一瞬たりともこの荒波は止まってはくれない。きっと波の高さは三メートルはありそうに感ずる。もう船酔いでムカムカするのも無く、船の揺れが僕で、僕が波になったようだ。朦朧《もうろう》とした中にあってやれる事といえば、家や母を想い神様に祈ることしか残されてなかった。同じことを繰り返し祈りながら、全く見たことの無い、未知の国である日本に上陸し、汽車に乗ったり、また、音楽学校のある東京を漠然と夢見るのだった。学校だって幾つもあるというでは無いか。どれかひとつ位は入れるだろう。凄く大きな都市というからきっと道に迷うだろう。独りぼっちで、頼りない身の上に寂しさが沁みる。しかし、これも日本の目的地に着いてからの事だ。死にもの狂いに強くならねばならない。

夕暮れになり、夜になった。飲まず食わずでも、人間はある程度は生きられるようだ。船は走り出した。上の蓋を開けると洞穴のような入り口から綺麗《きれい》な夜空に星が動いている。大きく揺れている船は、急に凄い波に出会ったようで今までとは違う。茫茫《ぼうぼう》大海の波と夜空しかない。ここで死ぬのかと怖《こわ》くなった。きっと船は木の葉のようにぐるぐる舞っているだろう。どうやら船は波に乗り切れないようだ。五メートルより高い波かも知れない。トントントンと加速音を出しながら波を上ってゆくのが感じられる。波の上に乗っかるようだ。今度は、プロペラが空回りして金属性の異状音を出す。それからシューッと波の谷間に滑り落ちるように感じて、心が凍《こお》る。そして音がしなくなった。嗚呼、僕の命と僕の夢はここで終わるのかと思ったら、トンとして、又トントントンと音を発てる。二時間程心臓は凍ったままだった。

無感覚な足は、誰のものか分別ができなかった。痺《しび》れきっているので抓《つね》ってみて、自分の足を引きぬき他人の上に乗っけると、直ぐ又別の人が重ねてくる。奴隷の有様を連想もしたが、人間最悪の事態にあるのは間違い無さそうに思える。悲壮この上ない気持ちで又、涙が流れる。波が少しは良くなって来た。ウツラウツラ朦朧《もうろう》とした眠りに落ちた。急に静かに、と言って上の蓋を閉められ慌しい動きが感ぜられた。遠くから、大きな機械音が聞こえるジュンジュンと立派な高性能の音で、軍艦か警備艇のようだ。拡声器で怒鳴《どな》って聞こえる。こちらも大きな声で言い合っている。やがて大きな機械音は段々と遠く去っていった。安堵《あんど》の息が出た。身体も心臓も凍っていて、身震いがブルブルと継続していた。

また朝日が差してきた。上の蓋《ふた》は閉められ、船の上では操業をしている。場所を変えながら操業をしては、日本に近く行っているのかも知れない。日本に近くなっていると思っただけでも、不安と緊張が増してくる。長い長い昼の光が、やっと暮れて来た。夜になった。暗くなると又、船は威勢《いせい》良く走り出した。波は、いつの間にか穏《おだ》やかになっていた。港か大きな湾の中に入ったようだ。波は無く、日が暮れてから数時間は経っているはずだ。しかし船は、いつまでも走っている。どうもおかしい。僕は立ち上がって、何一つ見えない広い暗闇の海を見ながら深い深い呼吸を肺《はい》の奥底まで綺麗に入れ替えた。どうやら決死の結末が近くなったようだ。その内に遠くに、小さく輝く集まりが映った。眼の錯覚かも、とよく見据《みす》えると矢張り電気の集団のようだ。村のようである。どれどれと男が数人立ち上がって首でのぞいては小さな唸《うな》り声を上げる。待ちに待った日本が目の前にあるのだ。

やがて船は、陸地かに着いたらしい。一人ずつ行けと言う。しかし、見ると未だ海の中ではないか。僕は、船乗りの船長らしき男の顔を見た。彼は、此処の下は岩が多くてこれ以上は近づけないと言う。とにかく生きることだ。僕はすぐまっ裸《ぱだか》になった。靴を中にして、服を全部くるめて帯で硬く結んだ。前の男が服を着たままドブンと海に入ったのを見ると、肩まで浸《つ》かるではないか。恥も外聞も捨てた僕は、海にそろりと降り立った。いくら温和な気候の九州だとて、二月の海である。とたんに手術用のメスか剃刀《かみそり》で、ピシッと左右に切り裂かれるような激痛を胸に覚えた。七、八メートルを暗闇の海の中を死に物狂いで出て、岩の上で服を着た。皆は急な傾斜の藪《やぶ》を登っている。僕も崖《がけ》を急いで登ったら、汽車の線路が延びている。田舎のはずれらしいが、皆集まってぞろぞろ線路を歩いている。

こんな危険な事は無い。捕まれば全員一網打尽になるではないか。僕はとっさに反対の線路を走った。どの位走ったか、遠くで犬が吠《ほ》える。僕は山の中に駆け込み、小さな細道をどんどん歩いた。現場から遠く離れるためだった。歩き疲れて時計をみると、午前四時であった。みると、畑《はたけ》に石垣があったので座ったら、水の流れる音がする。薄く氷が張って、その下を水がチョロチョロと流れていた。手ですくって飲んだり、熱《ほて》っている顔を洗った。気がついたら暗闇でもなく、月があった。そして、美しく梅の花が寒さにふるえていた。嗚呼、此処が夢に描いた日本だったのか。山の上でこれからの行き先の事を考えながら、少し明るくなるのを待った。六時過ぎになると、山間から広い野原か畑の中を太く白いのが長く延びているのが浮かんでくる。よく見れば、それは非舗装《ほそう》道路であった。七時ごろだかには、一番バスが通った。山を降りて黒豆のような人たちが乗っていった場所に近づき、更に待ったら二番バスが来た。とにかく乗って、十五分か二十分で終点に着いた。其処は大きな町で、駅前であった。先ず駅の公衆便所に入った。そして、鏡に映る自分の顔に驚いた。何たる表情の顔だ。駅の周りをうろついている浮浪者の顔ではないか。髪《かみ》はボサボサで眼は血走り、頬《ほほ》はこけている。水で綺麗に洗い、撫《な》でておいた。

先ずは腹ごしらえをしなくては、と思った。何しろ三日は何も食べてなかった。周りには食堂がまた開いてない。広場のベンチに座って待っていたら、隣の八百屋《やおや》が開いて、まっ先に目に付いたのは黄色いバナナであった。うどんを食べて、バナナを買った。駅前のベンチに町をぐるりと歩いては座った。新聞を読んで、今日は二月の十一日であるのがわかった。そして、博多《はかた》行きの切符を買い、博多から東京までの汽車の時間を調べて、十時には郵便局に行って国際電報を家に送った。母との密かな暗号である無事到着の知らせ「ＫＥＮＫＯ」の五字であった。つまり、「健康」が母との合い言葉であった。

アイゴオの悲鳴と涙

グアダラハラ。メキシコの第二の都市で水準の高い教育都市だと聞いた。私は、一九八四年に招かれてここの音楽会で歌った。国際何とかであったが、アメリカ、日本、韓国等が主な出演者で、楽しい集まりであった。オーケストラも四十人程の管弦楽で、指揮者はヨーロッパで学んでいた人だけあって立派と言えた。

ソウルから随分長い時間の旅行だった。しかもロサンゼルスで二時間待って、乗り換えて四時間、合計二十時間は乗ったことになる。夜中に着いたけど、暑くはなかった。むしろ涼しい位の感じがした。ここは何でも、千八百メートルの高地との説明なので、快適な旅行が嬉しかった。

翌朝も次の朝も練習と、午後には観光をした。なかなか素晴らしい観光資源に恵まれたものであった。しかも、案内して頂いた女子大生の二人がとても美人で、日焼けした健康美に実に話し声が美しかった。一人は声楽専攻で、もう一人は演劇専攻だそうだ。すごく辛い料理は思わず飛び上がる程の刺激《しげき》の強いものだが、学生たちが選り分けて次からは口にしなかった。しかし、果物の美味しさは格別だった。

1980年頃の演奏旅行から

音楽会会場の大学講堂には、一時間前に着いた。少し早めの音楽会だったのである。車が玄関に着いて驚いたのは、あまりにも美人が多い事であった。若い頃のエリザベス・テーラーに良く似た学生が多くてびっくりした。しかも、皆一様にシルクのような光沢のある服だから、体の線が若く美しい。それにもっと楽しいのは、この人達の内容はチンプンカンプンだけど、スペイン語の会話の話し振りに思わず笑ってしまった。どうも俺の事を言っているようだが、それは判らずとも良いけれど、しかし良くこんな会話をするもんだと感心しての事である。

まことに早口で面白い。綺麗な美しい歯切れの良い声で、三人が同時に話し出し、同時に息をして又話し出すのである。お互い一体誰が聞いているのか、何を喋《しゃべ》っているのか知ろうともしない様である。これは、アレグロ・ヴィヴァチェで、管楽器三つ、さわやかなコルネットの三十二分位の速さの音楽だなーと思ってしまった。そうだ、公園の古木に鳴いている蝉《せみ》が一斉に止んだり鳴きだすのを思い出して笑ったのである。

翌朝、首都メキシコシティに飛んだ。遺跡が多い事で世界的に有名である。音楽会も済んで、気が楽であった。三泊のつもりだからのんびり観光するだけで良かった。ホテルでガイドをお願いしたら、スペイン系で英語だけと言う、致し方無く我慢《がまん》した。しかし、この若い人は本当にプロらしく精力的に見せたい物は全部見せるといった完全主義者であった。お陰様で沢山見たけど、疲れも甚だ大きかった。博物館から大学、そして太陽帝國 アステカのピラミット遺跡に至るまで彼の車で走り回った。

何でもこのメキシコという国は、一割だかのスペイン系の人々が過去の征服者の完全な血統を誇り、七割の多数のインディアン系の現地人との混わりを嫌い、家門の出産には必ず赤子を祖母が確認し、雑系はその場で闇《やみ》に消される事が多いと言われる。怖しいところである。その他アメリカ系が多く、次が南米系、東洋系の順になると言う。つまり、現住民のメキシコ・インディアンは音楽、酒、遊び以外はあまりやることが無いみたいであった。働く仕事が無いのかも。しかし、とてもお人好しに見えてやる事が人なつっこく見えた。

午後マルカートに行った。現住民の市場だそうだ。何処も市場はごみごみするけど、此処の市場は狭い通路に人が犇《ひし》めき合い、空気も良く無い。しかし、活気があって観光らしい気分にされる。何も買う物も無いし、真ん中あたりを素通りして、出口を探す途端《とたん》だった。六メートル四方程のセメントの作業場から、ある女がすーっと立ち上がって駆け寄って来た。其処は毛布のような織物場の作業場で、わりと小綺麗な売り場でもあつた。

その女は、僕の手を両手で掴《つか》んだ。そして僕の顔を深く覗《のぞ》き見るのである。慌《あわ》てたのは僕の方であった。いきなり女に手を取られて。そして僕も、彼女の顔を見た。そしてアッと声を上げかけた。妹の顔に似《に》ていたからだ。東洋人の女である。韓国人でも良し、日本人でも良い顔だ。ソウルの町にいくらでもある可愛い女のその顔ではないか。人通りの多い所で、三十代の女と五十代の男が手を取り合って何秒を過ごした。僕もつれられて彼女の眼を覗いていた。一言も言い合え無い二人だった。やがて彼女は、悲しそうな眼を伏《ふ》せて去った。黒髪のつぶらな黒い瞳《ひとみ》であった。僕が子供の頃、家を出た彼女の兄に似ていたんだろうか、別れた男に似ていたんだろうか。父に、叔父に…。果てとも無くなんだか僕も悲しかった。

夕食に、ガイドが招待した韓国留学生が来ると言うので嬉しかった。やがて、その学生がメキシコの女友達まで連れて現れた。会話に活気が出てくると、色々とメキシコの話と共に楽しい晩餐《ばんさん》になった。何でも彼の説明によると、この国には韓国系の人と現地人との混血が二万にもなるという。耳を疑う数である。この広い砂漠のような荒地の国に、遠い遠い地球の反対からどうして・・・。

翌朝、空港まで送りますと現れた彼は、先生にぜひお話ししたい事があると言う。車の中で彼が話した事は、次のような悲しい物語であった。千九百年の初め頃、大韓帝国は崩《くず》れ、日本の植民地になる間際の混乱していた頃の事だと言う。日本も韓国もハワイ等に移民が流行っていて、日本人はハワイや遠く南米にまでも行ったそうだ。

韓国人は、日本の郵船会社を通して移民をしたと言う。韓国人は日本人と違って、国が滅びて国を捨《す》てた人々だったとの事である。つまり、祖国に諦《あきら》めをつけて立ち去る人々であったのだ。日本の会社は、夢のようなハワイの写真をちらつかせた事であろう。若い希望者が集まり、アメリカの宣教師の説明も加勢して、船に乗る勇気を与えた事だとも独りで勝手に想像してみた。

仁川港を出た移民船は、神戸、横浜を径て、ハワイに着いたけれど、何故だか朝鮮の人々は下船できず、船首は南に向けられて行ったそうだ。彼らが着いた所はメキシコであった。そして炎々《えん》たる熱砂の果てに送られて行った所は、ユカタン半島の農場であった。つまり、西の太平洋の海から東の海の方に移されたのである。昔、メキシコを征服したあのスペインの軍隊が上陸したメキシコ湾、カリブ海の事であろう。

話は、この移民船の中に子供と女を連れた一人の男が居て、教育を受けた人らしく出航の折から毎日日記を付けていたそうだ。そして殆どの青年は、無学だがおとなしい農村の青年達だったという。やがて、散り散りに農場主や管理人等に選り分けされ、買われてお互いに別れて行った事であっただろう。

そして死ぬ程サボテン畑で働かされ、賃金は搾取《さくしゅ》され、言葉も出来ず、最低の奴隷とされたであろう。そして女は、地主や管理人の性の餌食《えじき》であったとも思われる。それにしても一番悪いのは日本人の商人だったそうだ。日本刀を腰にしたものもあれば、ピストルを懐にしたこの悪徳仲介人の連中が口にした後味《あとあじ》悪い一言があつた。

「こいつらコレー(高麗)の奴は、朝夕一度ずつ鞭《むち》打てば、皆良く働くよ。」

これが日本人が残した捨て科白《せりふ》であったという。彼等は立ち去りながら笑った事であろう。移民とは、名ばかりの奴隷で売られたのかも・・。

毎日の鳴り響く皮ムチの音と、「アイゴオ」の悲鳴、果てしなく流した熱い涙、これが国を捨てた哀れな朝鮮の民の流民史なのだった。地球の反対側にまで流れて行った、同族同胞の民の姿だったのだ。窓の外を眺めていた僕は堪《たま》ら無くなって眼をつぶってしまった。しかし、彼の話は続くのだった、日記を付けていたその男の事である。

その男は、移民船の自分の荷物の中に、大切に祖先の祭祀《じぇさ》に使われる祭器と族譜《ぞくぼ》と言う家系の血統譜を入れて持って行ったそうだ。そして、小さな祠《ほこら》を建てて、家族は一年のうち何度かの祖先の霊に対する礼拝を、西に向かって大地にひれ伏したと云う。そして、どんなに涙を流したであろうか。しかし、それも歳月が流れ、移民三世、四世になるとだんだん訳のわからない行事になり、やがて一族は散り散りに離ればなれになつて行き、小さな祠も崩《くず》れんばかりだと言う。僕の胸にも涙が流れた。そうだ、早くその男の日記や身元を知る族譜も、民族の悲しい流民の哀史として独立記念館に保存されるべきだと思った。

又ロサンゼルスで乗り換えて、帰国の途に就いた。十四時間はかかるなあーとひとまず眠りたかった。しかし、あせればあせるほど眠れなかった。移民船に家族を連れて乗ったその男のことが、こびりついて離れないのである。楽しいはずの旅が意外な事で憂鬱《ゆううつ》になってしまって、胸を締《し》め付けるのであった。ああ、何と言うことか。国を治める者が、指導者が無能で悪けりゃ・・・。

そして、しかし過ぎ去った朝鮮民族の歴史の隅々に良くもまあ日本ってのは絡《から》むもんだと嫌《いや》な気持ちにもなり、感心もしながらひとりで唸《うな》りもした。メキシコの農場主や管理人達の鞭打ち刑は、その後聞くところによればアメリカの宣教師がその話を聞いて、その地方の現場に赴《おもむ》くまで続いたと云われる。僕の頭に、この事件と関東大地震の際の日本人による、何万人の朝鮮人の理由無き大量殺害事件が、妙に重なるのを覚えた。

「日本と日本人。」いち早く鎖《さ》国を解き、開化の道を歩み、西歐列強がした帝国植民地の真似を、遅《おく》れ早《は》せに東南アジアに築き、その無知さを利用して、周りの国に巧妙な外交と卑劣《ひれつ》な策略を常に用いて来た日本と日本人。無能な李王朝の末路と、一身の安寧を貪《むさぼ》る高官貴族達、そして地方に於けるヤンバンといわれた地方勢力家達の限りなき横暴と、お祖父さんから聞いた餓《う》えた貧しい草露百姓の生きてきた逞《たくま》しく、嶮《けわ》しい途の話が思い浮かんだ。

そして、メキシコで僕の手を握《にぎ》ったあの女である。一言も言葉はお互いに出来ずとも、何故優しく、温かく抱いてあげられなかったか。額にキスでも出来たはずでは無いか。同じ血を持ち、世界の果てを自分の言葉も知らずさまよっている、悲しげな女では無かったか。しかし、あまりのとっさの出来事にきっと僕の方がうろたえたのであろう。お互いに覗《のぞ》きあったあまりにも短い一瞬のあの眼の翳《かげ》りは忘れられるものではない。悲しげな眼は空《うつ》ろで、表情にはかすかに恥ずかしさがあった。

在日同胞の皆様

私は数年前に、九州の福岡から下関地方を旅しました。思いがけなく在日同胞の皆様に大変お世話になりました。そして、度々会うごとにこの上ない喜びを心の奥深く刻みました。つまり、忘れかけていた在日同胞「民族の姿」を見たのです。とても力強く生きている皆様から、強い感動と共に民族の文化に誇《ほこ》りを失わないでいる純粋な民族魂の表れに目じりが熱くなりました。

私は過去、一九五十年代に日本に留学して四年間の勉学とオペラ等の音楽芸術活動をしていましたが、いつも東京のど真ん中で生活していて十年間も過ごしました。そして限られた少数の在日同胞を知り、しかも自分の職業関係の日本人とのみ付き合い、いつも忙しく生活していたのです。余裕もありませんでしたが、東京の他には何処も行く機会がありませんでした。そして、韓国のソウルに帰って教職につき、真面目に活動しました。六十五歳で大学を停年となり、その記念にと思って長い年月苦労して私を支えてくれた家内を連れて、韓国から一番近い九州に目的も無く降りました。何処かで温泉でもと思ったのです。そして偶然のように異国でいろいろな苦しみの中で力強く根を下ろし、真面目な生き方をしている在日同胞の人々にお逢いしたのです。四十年のソウル暮らしの末に初めて東京以外の地方を見たのです。私は日本の地方は見る機会がありませんでしたので、とても新鮮な驚きでした。だからこの数年の喜びは、旅の折の在日の皆様にお逢いして温かい人間的ふれあいをみることでした。

そして私は思ったのです。この人々は一体誰なんだ。私とどういう関係があるのか。どうして此処《ここ》に来ていて、なぜ「終戦六十年」ここに住んでいるのか。この人達はこれからどうするのか。何を考えているのだろうか。そして、私も韓国に帰国せず日本に居残っていたら、今日どういう姿の在日でいるのだろうか。十年の歳月の間、もっと深く人間的に在日の同胞の人々と付き合うべきではなかっただろうか。いろいろと考えさせられ、胸の痛みが残ります。しかし反面、若い学生の私が一体何をして差

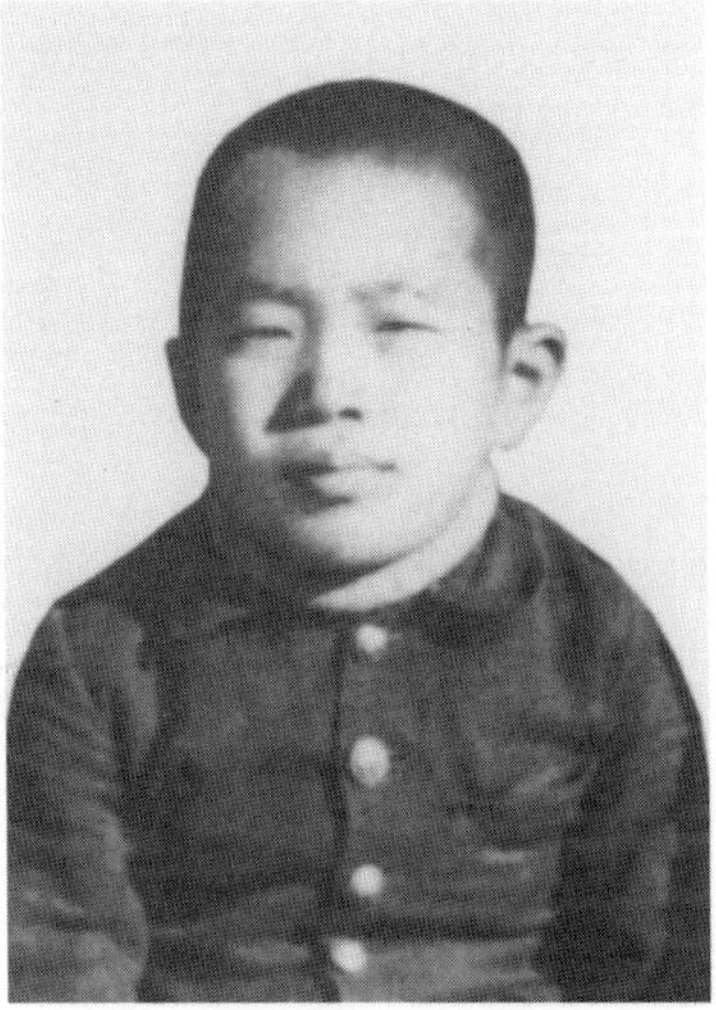
小学校3年 1938年

しあげられたでしょうか。そして当時の私は風来坊のような気取った学生だったのでは、と悔《く》いが残るのです。事実、私は音楽芸術に魅せられ、その夢のみを追っている若者でありました。他の事は考える余裕がありませんでした。そうです。私は、今日に至るまで生涯そんな生き方の曖昧《あいまい》な人間だったと思われます。

永い歳月が流れました。私は、この様に人生の終わりに近づいてまいりました。そして、機会がある度に努めて皆様とお逢いして大きな喜びを得ました。しかし、喜びと共にいろいろな現実が齎《もたら》す問題も深刻で大きい事も段々と分かってきました。これは直ぐに、一度に解決できる事でも無く祖国とも繫《つな》がる暗い憂鬱《ゆううつ》な未来と関係するという事も分かりました。どん底に落ちたような胸の痛さがどんなに苦しかった事でしょうか。だから時折、皆さんの持っているあの一様に表情が厳《きび》しいことに思いつくと胸が痛むのです。それと言うのも、私は終戦後のあの暗い時代を知っているからです。共に苦しんだ終戦後の私の若い時代が心の中に目の前に浮かび上がるからです。永い歳月のその間、どんなに辛《つら》く逞《たくま》しく生き抜いて来たのかを皆さんの厳しい表情で、何と無く私は直ぐ胸に読むのです。外地にいる者のみが知る、誰にも胸を開かないあの異様な厳しさをです。

私が生れた頃、既に朝鮮は日本の植民地であり、子供の私達は戦争に苦しみもまれて育ちました。朝鮮は、なにもかも日本の戦争の下敷《したじ》きで暗い餓《う》えた望みの見えない日々でした。体もひ弱な私は、子供の頃からおかしな奴だと良く言われました。本は好きでしたが、学校の勉強はしませんでした。好奇心は強く、その内に又変な事をしでかすのでは、と村人から可笑《おか》しく笑われ者でした。凡庸《ぼんよう》な生まれでしたが、子供の頃から内心凡庸には生きたくありませんでした。その内に終戦になり、社会が空白になって激しい混乱が続いていた時期でした。中学生だった私は、親に内密でコソコソと始めた音楽、そして海を渡り日本にて水準の高い音楽を学びたい一心でした。これに縋《すが》って一人前になって何とか生きて行こうと思い立ったのです。港町に生まれて、魚船がトントンと橋の下を音を発てているのを聞いて育ったせいでしょうか。自分の才能も自分であまり信じませんでしたが、音楽に対する憧憬で狂っていたのかも知れません。

音楽が、芸術が、どれほど難しいのかも知りませんでした。親兄弟も親戚《しんせき》も誰も居ない、敗戦後の国交も無い日本に来て初めて独りになって、やっと事の重大さに泣いたのでした。送金の出来ない日本と韓国でした。生死が目の前に横たわっていました。私

音楽学校1年 1952年

は、あらゆる自尊心を捨てて、惨《みじ》めな狂人のようにさまよいました。ひもじいお腹をかかえた学生生活でした。おぼつか無い遠い未来の夢のみを秘めて。だから私は、日本にて学びたい事を学び終わると、潔《いさぎよ》くアッサリと帰ってゆきました。迎えたのは、同族相争のあの酷《ひど》い戦争が残した深い傷跡でありました。焼け野原のソウルの廃虚の姿と、溢れる戦争負傷者、失業者の群れ、山に木が一本も無く雨が降ると赤い禿山《はげやま》から流れる濁流の漢江でした。三十の歳にして、大学の講師と焼け残った畳《たたみ》の間借りの貸し部屋一室から昔のように又始まりました。そして、今日に至りました。

私は、今残り少ない人生にあり健康ではありませんが、在日同胞の皆さんに逢う度にこの上なく懐かしく嬉しいのです。唯ひとつあなた方に心残りがして、皆様に云いたいのは喜びを分けられる友を、胸の底から温かく抱くことが出来る友を沢山持つことをお勧めするのです。在日の皆さんの顔を見てるうちにフッと思ったのです。お互いに笑い合える、お互いに喜び合える、お互いに悲しみ合える友を持ち、いろいろな特殊専門職に就き、研究に励み、人柄も趣味も広く、心も楽しく持つ事です。心も顔も皺《しわ》を和らげ、言葉も毒を抜きましょう。そしたら必ず、明日でも又その次の日でも、忘れた頃でも「希望に満ちた幸せ」はやって来ます。この事は、私自身が毎日自分自身に云い聞かせている言葉そのものです。全ての人に幸せを願う私の心です。

他国のはかない土地でもお互いに手を取り合い、励《はげ》まし合い、勇気をもって仕事は焦《あせ》らず、こつこつと真面目《まじめ》にしましょう。いつかは祖国にも明るい現実が、そして在日同胞の皆さんにも、幸せに胸が躍る日がやって来るはずです。皆さん、中国の華僑の人々に習いましょう。悠然とどれだけの歳月が流れても、余裕を持ち自信をもって笑顔を失わず、団結して生きて行くのです。ユダヤ人に習いましょう。エジプトに四百三十年間も奴隷のように扱《こ》ぎ使われて生きてきた同族を、モーゼと言う指導者の下で民族が脱出したのです。女子供を除《のぞ》いて若い男だけ数えて六十万だったそうです。ざっと三百万の民族がエジプトを脱出したと思われます。

三十六年間や百年なんてものではありませんでした。そして更に彼らは、二千年の間土地を奪《うば》われ、国を追われて全世界に散り散りになって何と罵《ののし》られても、迫害《はくがい》を受けても、我慢《がまん》して強く逞しく賢く放浪しながら生き延びました。終戦後やっといま、彼らは三百万の人間がイスラエル祖国の土地に戻りました。永久帰国したのです。

その外にも世界には、沢山の少数民族と小さな国々、民度や教育が低く、恵まれない国があるのです。しかも、混沌《こんとん》とした政情で戦火を交え血を流しています。しかし考えて見れば、私達の民族は古よりどんな苦難にも負けない、高い文化。しかもとても辛抱《しんぼう》強い民族だったと思われるのですが。

どうぞ皆さん、在日同胞の兄弟姉妹の皆さん。希望を失わないでセッカチにならないで、中国人やユダヤ人のようにゆっくりと逞しく根深く賢く生きて行きましょう。民族の尊い血を大切に守って行きましょう。そして在日同胞の皆さん、唯何と無くずるずると生きていてはいけません。「目標の無い人生」ー朝起きてー飯食ってー働いてー酒飲んでー騒いでー喧嘩《けんか》してー妊娠してー子供産んでー訳の知れない人間様に育てー疲れ果ててー老いてー日本の戒名《かいめい》で死んで逝く。

私は、貴方がたに兄弟姉妹のような情感に胸が熱くなります。皆さん、同胞がお互いに結束していなくてはなりません。不法で弱い者の財を奪ったり苛《いじ》めたりする悪徳な人間の事も時折耳にします。悲しい事です。力を合わせて頑張って下さい。祖国の言葉もやる気があれば、いくらでも勉強出来るはずです。歴史も、現実が齎《もたら》す時代性も、勉強しましょう。平和統一の日に役立てる貴重な人間に、それぞれの専門職としての重要な役割も綿密《めんみつ》に準備しながら待ちましょう。特に、日本からは学び得るものは何でも学びましょう。きっと貴重に役立てる日が来ます。頑張りましょう。目標の無い人生程、悲しい事は有りません。とても優れた素晴《すば》らしい若い在日同胞の皆様、唯ずるずると祖国を見放し諦《あきら》めないで下さい。

皆様、どうぞお元気で、いつまでも希望を失わず、幸せな心の余裕を持ってご健勝で下さい。

ソウル　　李　仁　榮

日本の皆様

東海(日本海)に浮かぶ独島《とくと》(竹島)の領有権に関して韓国と日本の間に紛争が起きている事を皆様はご存知ですか。現在のように友好な関係を保つことの出来た時期は過去にありませんでした。なのになぜこのように危険な紛争《ふんそう》のような事が起きるのでしょうか。考えますとすぐお隣りの国日本とは、そもそも私達にとって何なのか、日本列島は、日本人とは一体何処《どこ》から来たのであろうか、そして日本語の根源はどんなものだったのだろうか、日本文化の源流とはどんなものだったんだろうか等々いろいろと最も近い国、日本に深い関心と憂慮と共に色々と疑問が湧《わ》いて来るのです。そして、私たち韓国の人達はお隣りの国、日本とその古代史に関して、永い間忘れ去られ眠っていた次のような事が思い浮かんで来るのです。

私達が考えている日本とは、「日本列島は太古の昔、地球の地殻《ちかく》の変動によって朝鮮の東海岸やロシアの沿海、つまり北海道の向かいにかけた大陸の方から裂《さ》け離され、動かされて今の位置に定着した」との説があり、それが最も有力になっているようです。つまり、日本の国引きの神話にも連がります。島根の出雲《いずも》が舞台であり、同じような神話が韓国の新羅の神話にもあって、あれよあれよと東の方に流されて行った悲しいお話しもあります。そして、出雲王朝が勢力の強い人たちによって生まれたのかも知れません。それから陸続きだったとか、説がいろいろあるそうです。ですから、このように太古の昔からの日本の神話の登場人物は全て朝鮮の南海岸や東海岸の伽倻《かや》、新羅から漂流《ひょうりゅう》や移住して来た人々の事のようだと思われます。

特に、朝鮮に面した北九州(唐津・加羅津つまり伽倻《かや》と新羅と行き来した浦)と山口県、島根県(出雲)の方等は日本列島の一番地であり、特に島根は日本列島の発生地ですから、海流によって朝鮮の東海岸から船にのって何もしなくとも自然と流れ着きました。漂流者が上陸した列島の根っこなんです。ですから山陰《さんいん》地方や九州と朝鮮は、特に深い関係があると昔から言われているのです。つまり加羅とは、朝鮮の南に位置する今の慶尚道にあたり伽倻《かや》人と新羅人を意味する飛鳥《あすか》からの軽蔑《けいべつ》した俗称だったと思われます。

加羅ー韓ー唐と漢字が変わってゆくと、まるでもとから中国との交流を言っているようです。三千年も、二千年も、千五百年も前の事を考えて下さい。海に浮かぶ船は皆小さくて漕《こ》いだり帆《ほ》を張りました。人は何個月も荒波を、狭い船の上では航海できません。当時の小さな木造船です。

水、食糧、病人、薬、休息、船の修理等何度も何度も島や人家に寄っては、お世話になりながら長い月日を費やして航海していった事でしょう。荒い波濤《はとう》に苦しみ、暴風や、海底の岩が危険だった事でしょう。日本から、今日のように線を引いて真っ直ぐ世界の何処にでも行ける時代ではありませんでした。ですから日本の北九州の唐津(加羅の浦)は、朝鮮に行き来する一番の近い航路だったのです。中国から日本に来るには、朝鮮の沿岸にそって西海岸をずっと南下し、そして又東に進み、そして釜山港から対馬《つしま》、北九州に向かうのです。二、三ケ月の期間がかかったと思われます。

小さな船に櫓《ろ》をこぐ人まで、沢山の人が食糧や飲み水を必要とします。お天気の具合と船酔《よ》いで休息と病人が出ます。或いは、南方から流球《りゅうきゅう》列島を経て延々と北上して行くのです。台風と強風が荒れ狂う海、黒潮《くろしお》の海です。造船術、航海術が少しずつ発達してゆく十二世紀前まではとても危険で、難しい命懸《か》けの航海であったでしょう。

長さが十四メートル、六トン位の小さい木船で果てしなく揺《ゆ》られたら…。荒海を自分自身で航海してみなくては朝鮮海峡、玄海灘、独島(竹島)は語れないでしょう。昔、航空機が無かった植民地時代に下関 釜山を結ぶ連絡船金剛丸という一万トンの大きな客船がありました。しかし殆どの乗客は、船酔いに何時間も吐《は》いたり苦しみ、船が揺れるたびに三等室は、荷物や人がごろごろしたそうです。

私は若い頃、向学心に燃えて約一〇メートル程の四トンの小さなトントン魚船に乗り、荒海の玄海灘で二昼夜死ぬ思いをした事があり、この荒波の苦しみの経験は生涯忘れられないのです。だから、日本や韓国の歴史学者達は、唐津と釜山との間を小さな帆船で、昔風に航海してみる事です。二千年や千五百年前の中国や蒙古《もうこ》までの、日数や航海距離を想定しながら、荒れ狂う危険な海の体験を通じて、その可能性を試してみる事が大切だと思います。今のように、機械動力、羅針盤、氣象觀測、無線連絡が不可能な時代でした。

地球に人間が増え続け、何時の間にか国が出来、そして国境が出来ました。人間の住んでいる所は皆、その様に境界が自然と出来たようです。太古の昔はそんなものは何処《どこ》にも無く、住み良い処に移って行ったと思われます。東海、つまり日本海には幾つかの島があります。日本に近い佐渡島、壱岐島、隠岐諸島があります。これらの島は日本に属し、現在もそうです。島には私達と顔形がちっとも変わらない日本人と云う人々が住んでいます。似たような生活方法と似たような言葉を使っています。

韓国には、韓国に近い東の海(日本海)に鬱陵島《うるりょんと》があります。この島は、郡の所在地であり一万人もの韓国人が現在住んでいます。この島から東南九〇キロの所に問題になっている独島《とくと》(竹島)があります。この島は、韓国に属します。独島(竹島)に一番近いと云われる日本の島根県の隠岐島《おき》から独島(竹島)までの距離を見ますと、一五七キロあります。つまり九〇キロと一五七キロなんです。韓国の鬱陵島が独島にウンと、ほぼ倍ぐらい近いのです。

韓国の古代史の記録には、西暦五一二年新羅の時に鬱陵島《うるりょんと》を国土に収め、東に孤島の無人島がある事が記されています。一四三二年に記された世宗実録地理誌には、この孤島に関する細かい事まで書いてあります。一五四〇年に記された東国州県図には鬱陵島、独島《とくと》(竹島)の地図が載っています。地図は、もっと前から記されていたのかも知れません。一六九七年には、幕府《ばくふ》から対馬の島主を経て鬱陵島と無人の島を朝鮮の領土であることを文書を持って認めて来ました。と云うのは、当時日本の海賊、倭寇《わこう》が鬱陵島や東海岸にまで出没し、悪事を働くので朝鮮の方から度重なる抗議をしたのに対する返答だったと思われます。

一七八五年には、日本の近代化に貢献した先覚者である林子平が記した日本の地図には、明確に「竹島は朝鮮の持分とする」と載《の》っている地図が沢山と残っているのを日本の皆さんはご存知だと思いますが如何でしょうか。特に、一八七五年日本陸軍参謀局が朝鮮全図を作成しながら独島(竹島)を朝鮮領土であると共に松島と明記してあります。

一八八二年に鈴木敬作が製作した朝鮮国全図にも独島《とくと》(竹島)は朝鮮領土と記名してあり、一八九三年大須賀竜潭の大日本全図にも鬱陵島と独島(竹島)は含まれていません。このような事は明治から始まった日本政府、過去の帝国軍府、自衛隊、知識層、一般市民に至るまで日本人は良く、ご存知のはずです。

そればかりではありません。島根県浜田港の郷土民俗資料館に保存されている、江戸幕府が一八三六年二月に竹島(独島)への渡海禁止令としている立礼を見ますと、明確に鬱陵島と独島(竹島)周辺において海賊のような事はするなと言う意味のものです。そして、命令を違反した数名の魚民を一八三九年には処刑したそうです。非常に厳しく取り締まっています。

つまり、このような事は一六九三年から江戸幕府は、すでに鬱陵島と独島(竹島)は朝鮮国土であり、海賊行為をしている魚民達に出港禁止令を発していた事を明らかにしたばかりか、他国船との接触さえも禁止しているのです。この江戸幕府の令は、過去の豊臣秀吉の時代とは完全に異なる新しい改革とも受け取れます。これは、数百年に及ぶ卑劣《ひれつ》な海賊行為をしてきた日本の倭寇を禁止した令と思われます。豊臣秀吉が、統一された国力を挙げて朝鮮に攻め込んだのも、つまりは自己の権力を誇示せんが為の残忍で野蛮な倭寇の行為にほかなりませんでした。

しかし徳川幕府は反対に、朝鮮に対する倭寇《わこう》のような不法行為を禁止させ、学術や文化の交流を図り、朝鮮通信使の制度を開いて人間の基本礼儀法に至るまで積極的に採《と》り入れました。これは、その時代の朝鮮通信使の行列と半裸体の人間が真昼《まひる》の往来を行き来していた当時の日本の社会相を描いた絵巻《えまき》図を見るとよく解ります。

豊臣秀吉が、大軍団で朝鮮に侵攻したあの戦争を、韓国では一五九二年の壬辰《いむじん》倭乱、一五九八年の丁酉再乱と区別する場合もありますが、一般的には壬辰《いむじん》倭亂と総称 しています。日本では文禄慶長の役と云います。つまり日本はヨーロッパの国々から仕入れた武器と戦術で攻め込んだのでした。鉄砲も無い、ずっと鎖国《さこく》で通した朝鮮でした。鉄砲の無い朝鮮は、弓矢で日本軍を防げませんでした。結果は、日本軍により悲惨極まる人類歴史に無い、前例の無い酷い残虐殺戮《ざんぎゃくさつりく》になりました。何故だか日本は宝物と共に、古本(学問、歴史)に関する一切の資料をも持ち去りました。そして残された建物は、全部焼き払いました。東大寺や法隆寺よりもずっと古く由緒ある優れたあらゆる建物は、悉く《ことごとく》焼き払われました。

十万の若い男女が捕らえられ、日本に連れ去られて行きました。山と積まれた戦利品の中には、生きている人間の鼻と耳も切られて、自慢の戦の報告に利用されました。大名達が競ってうづ高く積んで運び込まれた鼻と耳の戦利品でした。死人はともかく、生きている人(捕らわれて日本に運ばれて行く価値の無い者、つまり老人や病人等)の鼻を切られ耳を切られた人間は、そのうちに出血のため全員死んで行った事でしょう。残忍《ざんにん》でとても人間とは思われない事をするのが日本人でした。捕らえられて行った者の中から技術の有る者、健康な者を選《よ》り分け残し、幼い子供は南蛮船《なんばんせん》に奴隷《どれい》として売り飛ばされ、又健康な男は農業に、女は各大名の下の者に分け与えられた事だとの事です。

捕らえられて行った朝鮮の奴隷が、長崎には溢れマカオを通じて最も安く二束三文《にそくさんもん》で全世界に売られて行ったとの事で、水も与えられない奴隷船は、釜山から長崎からマカオから死人の如く、獣《けだもの》のように船底にて哀れにも泣き喚《わめ》く力も無かった事でしょう。これが真実だったのです。これが、つまり奴隷戦争と云われる壬辰倭乱人類始まって以来の酷い残虐戦争であったのです。これが(文禄慶長の役)の真相だったのです。朝鮮と日本の間の海は波が荒く、東南アジアの海域は台風の来る恐ろしい海でした。

美辞麗句で飾られて、朝鮮侵略があたかも陶磁器《とうじき》の為の芸術云云は、表向きの体裁《ていさい》を繕《つくろ》うものでした。日本の残虐性を、真実を隠蔽《いんぺい》する為に陶磁器の為の戦争の如く歪曲《わいきょく》して美化しているのでした。非道で酷い鼻塚耳塚《はなずかみみずか》は四百年を経た最近まで、京都の豊臣秀吉神社の鳥居《とりい》の前の道の脇に、それはそれは実にみすぼらしく埋めてありましたが、韓国の或る寺で請願して掘り起こし、その哀れな霊でもと持ち帰ったそうです。海印寺だそうですが、一九六〇年代に私が見たみすぼらしい名ばかりのその塚は、あまりの事に涙が流れたのでした。戦利品として、手柄の証《あかし》として、耳や鼻を切られて山のように積まれたであろうその光景が、そして、豊臣秀吉のいとも残忍な顔の表情が見えるようです。最近、体裁が悪いと、見栄えのする塚に作り変えたそうです。

私が見た当時の塚《づか》は、丸く盛り上った今日の立派な塚ではなく、永い歴史の間に腐《くさ》ったことでしょう。平らよりも凹《くぼ》んだ形のもので、すぐ隣に人家が建っていました。威容を誇る神社の鳥居と急傾斜な階段、その上で豊臣秀吉が睨《にら》みを利かせ、この哀れな塚に今もなお威光を輝かしているようでした。

この戦争で、なぜあれほどまで非人間的な非道かつ残忍な事が出来たのでしょうか。とてもとても考えられない残忍《ざんにん》な事でした。だから今でも韓国は勿論、中国やいろいろな東南アジアの人々の頭の中には、日本人の平和論はうわべだけのもので、本当は酷く残忍な好戦的な国民との認識がこびりついて残っているのです。いくら歴史を飾り、美辞麗句で過去を隠蔽《いんぺい》しても、事有るごとにその野欲が露見、警戒されるのです。

若い日本人、若い指導者は「私は存じません。知らないことです。それは昔の事です。今は民主主義の平和な世界に貢献している日本です。」と言い張ります。確かにそうです。しかし、その反面を見てください。独島(竹島)の件でもそうです。理由にならないおかしな強引さで昔の欲望をさらけ出しているのです。とても大人らしくない、大国とは思えないのです。人間の歴史は、いつも過去を知り、現在を見て未来を想定することは難しく無いことだと教えているのです。

これは思い出すのも嫌《いや》ですが、日本は十九世紀から二〇世紀にわたり帝国の名の下に日本の為、天皇の為と言いながら、そして逆に貴方達の朝鮮民族の為にと強弁しながら、合併《がっぺい》と言う名の植民地を武力で強いました。合併條約を見て下さい。まず、

一、韓国皇帝陛下は韓国全部に関する一切の統治権を完全且つ永久に日本国皇帝に譲与す。

二、日本国皇帝は前條に掲げたる譲与を受諾し且つ全然韓国を日本帝国に併合する事を承諾す。

これは、合併とかの事ではありません。体裁の良い武力による恥辱的強奪です。西暦六六〇年に、百済が新羅に敗れて、王朝をあげて朝鮮から日本の飛鳥《あすか》に逃れました。軍事力を再結集した百済勢は、その折から虎視眈々《こしたんたん》として失地回復、本土奪環、深い怨恨を果たすべく誓った事でしょう。つまり百済は、日本国建国の中心になり、「新しい日本人」として、その後朝鮮に対する昔の怨恨を根にした、倭寇の海賊行為や征韓論をかざして壬辰倭乱、そして朝鮮合併と言う植民地侵略をしたのではとも考えられるのです。

百済出身の「新しい日本人達」は、その後日本の政治、軍事、文化の中心勢力になり、新しい日本の歴史を築いて行ったと思われます。彼等は、豊かで華麗な文化の平安な世の中で、我が世の春を謳《うた》いながら「百済の出身で無く、百済の文化で無く、百済の制度で無く、百済の生活用品で無いのは、全て軽蔑して嘯《うそぶ》いた事でしょう。」クダラナイ、百済で無いと…。そしてこの新しい日本人勢が、日本の永い歴史の末に誤って成長していったとも、考えてみるのです。

だから、いくら真しやかな美句麗辞で飾っても、日本の過去の歴史は語るのです。日本は目的の為には最も残忍で手段を選びませんと。そして、彼等は金銀宝石でも無い、朝鮮が持つ一切の古代の歴史に連なる証拠物品、即ち数十万冊の本と文化財である国宝を壬辰倭乱の折に、そして、日本の植民地時代の際には数十年間に亙《わた》って組織的に、悉《ことごと》く日本に持ち去り。特に、壬辰倭乱の折には王宮、寺院等持ち帰れない建造物は、全て焼き払ったとあります。本当になぜ、このような事をしたのでしょうか。

永い植民地総督府圧政の下でも、継続して地方官庁を通じ、文化財は強奪されたのでした。あどけない小さな児童達に先生は言い渡しました。村に古い石碑《せきひ》や建物(祠)、塚等を山や畑そして海辺で見かけたり、家に古い漢文の本がある人は手を上げてみなさい。この村や家々が誇りになる事です、等と云われて紙に書き出させました。憲兵や警察の立会いの下にあたかも合法的に見せかけて、朝鮮全域の墳墓は掘られてしまったのでした。想像も出来ない事をして、それを隠蔽《いんぺい》し、しかも持ち帰ったそれらを利用して、日本との古代史等の関係史の歪曲に利用していると思われるのです。

そして、その裏づけのために必要な考古学的根拠物品を用いて、捏造《ねつぞう》と歪曲《わいきょく》に現在もなお熱中しているのでは無いかといつも疑われているのです。

現在、所在すら知られていないこれ等の重要文化財や書籍は、日本の宮内省図書館、国立図書館、各大学図書館、県立図書館、寺院、美術館、個人所有等非公開でしかも奥深く、山のようにうず高く積まれてあるとの事です。最近の新聞に、日本の或る地方大学図書館には、整理もされていない朝鮮関係の古い書籍が約五万冊位有るとの事でした。一地方大学だけでもそうだと書いてありました。だから、朝鮮に関係する文化財や書籍は、日本に数百箇所に散在されていると思われるのです。

朝鮮に攻め込む壬辰倭乱(文禄慶長の役)のきっかけは、日本の倭寇《わこう》にありました。新羅が高麗に滅ぼされた九三五年以後になる十一世紀頃から始まって、一三五〇年には、最も激しく日本の海賊は地方の各大名の支援の下に船団を組んで、朝鮮の海岸を荒らし回るのでした。西海岸、南海岸、東の海に現れては婦女子を攫《さら》い、悪事をするのでした。沢山の大名達が競ってするのでした。一二二七年より、何度も朝鮮は使節を送って、倭寇の取締りを幕府に願い出ています。このような事態は、一二七四年、一二八一年の二度に亘る元寇《げんこう》(文永弘安の役)によって更に国交は悪化したのでした。南海岸、西海岸、東海岸と毎年三十回近く倭寇は続くのでした。

そして一五九二年に始まる壬辰倭亂では、朝鮮の李舜臣《いすんしん》の海軍が一時期防いだのですが、この倭寇と呼ばれた日本の海賊、つまり木船による日本の海軍は、辺鄙《へんぴ》な島や河口の葦原《あしはら》の陰に隠れて、追い払っても追い払っても来るのでした。

韓国の釜山港の直ぐ西の方に洛東江が流れています。広く大きな河で、下流の方には中洲などの砂地や乙淑島《おるすくと》があり、少し上りますと金海《きむへ》地方です。つまり、古代伽倻《かや》王国の在った処です。もう少し上流の方には高霊《こりょん》があり、古代上伽倻《かや》国の在った処でした。古代朝鮮のこの二つの連帯伽倻《かや》王国から日本に渡るには、この洛東江を利用すれば対馬、壱岐《いき》島、唐津と結ばれたのです。即ち日本の古代九州王朝などの源流では無かっただろうかと思われます。日本への出発地は、洛東江の亀浦《くぽ》の浦と金海より対岸南の河口の海に面した多大浦《たてぽ》でした。そして、洛東江の河口一帯のすごく広い所一面が、葦原、即ち薄、萩、葦などで覆《おお》われ、渡り鳥や雉《きじ》が多かったと伝えられています。古くは、河も砂地も山に至るまで、広く茂っていた事でしょう。

つまり、この葦原の地から、日本の九州王朝の始祖等の人は、日本に移って行ったと思われます。この見渡す限り一面の葦原は、出発の浦が亀浦「旧い浦」だったのでしょう。亀は、千年万年も生きると思われた時代でした。古いとの意味の旧浦と、大多浦は二千年も三千年もの前からの連なった歴史、そして、伽倻《かや》の大きな江、洛東江の流れに沿った金海や高霊の都と日本との関係に連なり、そこに見える果てしない一面は「葦原」だったのです。そして、昔から金海の広い広い「田んぼ」は、韓国で一番美味しいお米が豊かにとれる処で有名でした。

倭寇の目的は、食べる為のお魚を獲《と》るとかの事ではありません。島を乗っ取る訳でもありませんでした。住むのでもありません。かれ等の目的は、婦女子の攫《さら》いと穀物、家財や宝物の掠奪《りゃくだつ》に有ったのでした。当時は、今のように海域拡大、国土拡大、資源確保と言ったような事が良く理解されていませんでした。そこで先進国にならって、日本は朝鮮を植民地にする際に、諸外国がしている「植民地」「海領拡大」等に目覚め、独島(竹島)を島根県に編入したものと思われます。植民地にされてウロウロしている朝鮮は、それどころの騒ぎでは無かった事でしょう。

それに昔の日本は、魚を獲りに遠海まで行く必要がありませんでした。九州、四国はその近海沿岸で、堺《さかい》、江戸、仙台は太平洋沿岸でどんな魚でも獲れたことでしょう。遠くまで行くことが何で必要でしょうか。日本は島国で四方が海です。魚が余《あま》る程獲れます。当時は日本に人口も少なく、魚を遠方まで運搬する方法も無かった事でしょう。飛行機も汽車もトラックも無い時代に、即ち、冷蔵施設も無い時代に何で魚をそんなに沢山獲りますか。東海、つまり日本海に面した浦から遠い二百キロもある岩島、独島(竹島)まで魚を獲りに行きますか。

最近日本は、一八世紀にはこの島は江戸幕府の行政管轄下にあったとか…。可笑《おか》しな事です。徳川幕府治下二百四年の間、朝鮮通信使が十二回も交流し、日本魚船の渡航及び外国船との接触禁止令、違反者には死刑だった、当時の事を思い浮かべて下さい。徳川幕府は何度も鬱陵島と独島は日本領土で無く朝鮮のであると言っているではありませんか。それに近くに朝鮮の鬱陵島と云う、人が沢山住んでいる大きな島があるんですよ。人の住まない、住めないあの小さな岩島は、その鬱陵島に付属した小さな島として考えられたことでしょう。そして昔から朝鮮は、あの島に関する記録や地図を残してあるんです。だから、一九〇五年に日本が朝鮮を植民地にする際に、この島を拾《ひろ》ったと、編入したと日本は強弁しているのです。つまり、朝鮮半島を発見して拾ったと言っているのと同じ事です。

日本の山陰《さんいん》から東北にかけて、昔から有名な魚港が沢山あります。とても美味《おい》しい日本一の最高の魚がすぐ近海で獲れます。浜田港、美保の境港、若狭湾、富山湾の氷見、新港等全裏日本が、近海で美味しい魚がいくらでも獲れます。そして、特にその富山湾で獲れるのが美味しいのも、実に面白い事でした。深海海層の関係と聞きました。だから当時の事からして、遠い独島(竹島)まで行って魚を獲り、その島で乾かして持って帰って来ると言う説は可笑しいのです。その島には、乾かす処など全くありません。絶壁だけの島です。一五〇キロも二百キロもある遠い処まで魚を獲りに何日もかけて櫓《ろ》をこぎ、帆を立てて、何で行ったりする必要が有るでしょうか。あの島はただの韓国に近い岩島で、無人島で、昔から韓国の持分とお互いに認めていた島だったのです。

だから日本が独島を云云するのはつまり、当時も日本は倭寇で海賊をして、朝鮮を侵していたと認めているような話になります。魚を獲りに来ていたとの話は、全く可笑しな嘘《うそ》になります。あの海域には、この二つの島以外、他の島は無いのです。はるばるそこまで何で、何の目的で来るのですか。魚ですか。新鮮な魚は、日本の隠岐《おき》島や富山湾等裏日本全海域でいくらでも獲れているのです。昔の日本は、魚が獲れすぎる程だったでしょう。

一八六八年に日本は徳川幕府が終わり、明治時代が始まりました。その頃、朝鮮は国運が傾《かたむ》き、弱体化していました。日韓合併によって植民地にされる二十七年も前の一八八三年に、日本帝國は一方的に韓日租界《そかい》條約を朝鮮に押しつけました。「港湾、宅地、住宅の使用権」です。つまり、日本はもうその時に既に、全ての海岸や港を支配していたと見るのが正しいようです。そして、日本の軍隊が釜山、ソウル、仁川等に日本の公館を守ると言って、上陸して陣取っていたではありませんか。

そして更に、完全に朝鮮を植民地にする為に日本は、一八九五年老大国中国に争いを嗾《けしか》けて、日清戦争を熾《おこ》して勝ちました。一九〇四年、更に日本は弱体化しているロシアに同じく争いをいとみ、日露戦争に日本は勝利しました。(二〇〇五年十一月九日、二〇〇六年二月九日、読売新聞参照）その年に一九〇四年です。勝ち誇る日本は、更に新しい韓日條約を、朝鮮に強制的で露骨に「朝鮮を保護すると」押し付けて條約しました。その最中の翌年、一九〇五年二月に急に独島(竹島)を発見して拾ったと、日本は公表しました。

日本が、独島を一八八三年の韓日租界條約以前に、或いは一八九五年日清戦争勝利の折に、この岩島を発見して拾ったと宣言しても納得《なっとく》出来ませんが、一九〇四年ロシアに勝って新韓日條約を「朝鮮を保護する」と押し付けられたその時、突然この島は日本の島だと宣言するのは後ろめたいとは思いませんか。とてもとても可笑《おか》しいのです。もうその時、朝鮮は完全に植民地になったも同然な時期で、朝鮮の軍隊は解徐され、日本軍がずっと滞留していたではありませんか。近くの大きな島は、人が沢山住んでいるから無人のこの岩島でも…。この島は、朝鮮の古くからの島で朝鮮の地図には載っているのです。日本は、一八六八年に明治になりました。一八七五年に製作された日本陸軍参謀局の地図には、この島は朝鮮の領土と明記してありますね。一九〇五年になってやれ拾いましたは可笑しいとは思いませんか。

当時、朝鮮の朝野は、無知でウロウロするばかりでした。しかも日本に買収された高官達は、一身の栄華を追いました。そのような有様の一九〇五年には、在日韓国公使館は日本によって閉鎖されました。そして、日本は威勢高高と一九〇五年二月二十二日に独島(竹島)を島根県に編入すると、つまり日本の領土であると宣言しました。そして、緻密《ちみつ》に仕組まれた脚本により、一九一〇年には朝鮮半島は合併條約によって完全に強圧され、日本の植民地に収められたのでした。

韓国では、皇帝に代わり合併に署名をした総理大臣李完用一派は、その他の高官等と共に皆、逆賊として今も呼ばれています。その子孫共々汚名を残した逆賊達、愚かな朝鮮の皇帝の系統は、政略的に日本女性と結婚させられ、その子孫は不思議と完全に断絶しました。この混乱した時期に日本は、韓国の無人の独島《とくと》(竹島)を日本に編入したとの事です。当時の日本は、しようと思えば出来ない事は無かった事でしょう。朝鮮は日本に籠絡《ろうらく》され、強奪される一連の手順の最中にあり、日本帝国は朝鮮を実質的に支配していたのでありました。

しかし、一九四五年八月十五日に「現人神《あらひとがみ》」と奉られ、頭を上げて写真さえ見るのも畏《おそ》れ多いと叱られたあの「凛々《りり》しく白馬に跨《また》がった大元帥陛下」。毎朝校長先生の号令と共に東方礼拝を深々と最敬礼していた日本の国王、天皇陛下の敗戦宣言によって朝鮮は、永くて暗い歴史の日本の植民地から解き放されました。このように、神様に仕立てられた日本の国王もやっと人間にやれやれと戻り返った事でしょう。

私達、日本の植民地として圧政の下でありとあらゆる迫害を受けて来た朝鮮の人々は、その永くて苦く悲しい経験を忘れる事が出来ましょうか。全ては日本帝国の植民地、併合以前に戻りました。当然一万人も住んでいる東海(日本海)に浮いている鬱陵島、そしてそこから九〇キロ離れている独島(竹島)は、祖先が譲り授けた韓国(朝鮮)の島なので戻りました。私達民族の手に戻りました。一九四五年八月十五日、韓国(朝鮮)全土に対する李王朝一家や売国奴の反逆高官一味が交わした契約公文は、全部反古《ほご》になったのです。合併條約も勿論の事です。終戦とは、敗戦とは、解放とはそのような意味が含まれるのです。

日本は何故、独島(竹島)が日本のものなのか、日本が主張する理由を韓国の人々は知りません。昔は、あの島まで行って魚を獲ったりしたから…。唯《ただ》それだけの理由ですか。ならば昔は、韓国からも対馬や隠岐島まで魚を獲っていて、時化《しけ》に遭《あ》えば近くの港に避難したり、上陸して止むのを待った事でしょう。日本の船は、釜山港や鬱陵島の港に避難したことでしょう。世界を往きあう船舶や航空機、或いは列車等全てが危機に晒《さら》される場合は、お互いに助け合うのが人間の国際慣例の常です。独島(竹島)に対する日本の主張の場合は、世界に冠《かん》たる指導国家を自認する日本としては、理不尽《りふじん》に見えるのです。つまり小さな隙間《すきま》でもあればすぐ変貌《へんぼう》する、信頼の置けない国との認識が、アジアや世界の人々の心の底にあってはいけません。それでは本当の善隣は望めないではありませんか。

終戦の時、私は十五の学生でした。「見ざる、聞かざる、言わざる」の戦時中の日本の鉄拳教育を受け、頭も何も空白な学生でした。突然の終戦の知らせに、すぐさま外に飛び出しました。メチャクチャな自由に興奮しました。日本の敗戦で朝鮮半島は、朝鮮民族がやっと日本から解放されて、その喜びの声は天地を揺るがし、人々はこみ上げる涙と熱い胸に小躍りしました。反対にすごすごと日本軍が武装解除され、居留地の女子供の家族と共に船で引き上げて去って行くのが、対照的に痛々しく見えました。

私たちの民族を解放したアメリカと言う、見た事も無い国「戦争中には、先生から毛唐《けとう》だとか、鬼畜米英《きちくべいえい》と朝鮮の子供たちに罵《ののし》らせ叫ばせた」にも感謝しました。そして、去って行く日本人に、憎しみも報復の念もありませんでした。もう戦争は終わった事では有りませんか。それより、目の前に急に大きな混乱を伴《ともな》った解放、その次に来ると思われる新生国、朝鮮の独立が明日にでも実現しそうで嬉しく、そして何と無く不安な中に強い関心でありました。

私達少年らは、集まると話のついでに「敗戦国」日本に関してどうなるのだろうかと言い合いました。何となく大きなアメリカに占領されたのだから、ハワイのようにアメリカの州になるだろうと言ったり、天皇は廃止され、裕福な市民になると言ったり、処刑されるべき悪質戦争犯罪人は数万人、いや数千人は間違いないだろうとか、不幸な都市長崎や広島に原爆が落ち無かったら終戦はあり得ず、本当に日本軍は日本本土で最後の一兵卒に至るまで、武器がある限り戦かったであろうか。天皇陛下の為に潔く死ぬのが名誉だと玉砕《ぎょくさい》を教えたあの日本の先生達は帰国したのだろうか。少年兵として幼年学校、航空学校、戦車学校、海洋学校、兵器学校等に志願し、その後の消息が絶えていた友達のうわさ、最後まで戦っていたら、竹槍の民間人まで含めて日本人の半分は死んだだろう等、全く他愛ない話でもちきりでした。

兵隊や軍属、労働者、慰安婦等として日本軍に、数十万と強制的に連れられて行った朝鮮の同胞たちは、日本や満州、中国や遠い東南アジアから無事に帰還《きかん》して来るのだろうか。どれだけの民族が日本の戦争の犠牲になって死んでいったのだろうか。どれだけの民族が日本の植民地、日本帝国の犠牲になって牢獄《ろうごく》や深い地下炭鉱、見知らぬ奥地、見知らぬ海の底に沈《しず》んで死んでいったのだろうか。

本当に想い出したくない「植民地朝鮮」であり、「日本の戦争」の時代でした。日本は、覇権欲《はけんよく》に駆られた軍国主義者達によって無理に引き起こされた中国との戦争は、限りなく広がり、百数十万の兵士で進んだ中国侵攻は広い中国にてその内にだんだん硬着し、進退窮《きわ》まりました。そして不意打ちの真珠湾攻激で始った破竹《はちく》の勢いの太平洋戦争は、そのうちに南方から徐々に巻《ま》き返され、最後には日本の無残な敗戦で終わりました。あの暗闇《くらやみ》のような果てしない日本帝国の戦争の為に、日本の国土も日本人の被害も極めて不幸で甚大でした。

しかし当時の日本は、被害者で無く加害者だったのです。植民地の朝鮮人は日本の天皇、つまり「現人神」の為に「死を辞さず死んでくれ」と言った教育を限りなく鉄拳で教えられ、そして人々は飢えで苦しみました。若い男女は、数限りなく強制的に戦争や労働に連れ去られて行きました。その目的の為の植民地教育であり、植民地の都市や鉄道等の建設であり、日本の為の日本人の為のあらゆる建設でありました。つまり、朝鮮の人々による強制労働、強制動員であったのでした。その有様は、まるで良く訓練され飼育《しいく》された家畜を労働させたり、連れて行くようでした。全てが日本の着々と進められた戦争の為の準備で、利用せんが為の行政と学校教育でした。

昔、山奥から連れられて来た朝鮮の青年達は、皆同じ白い自家手織りの木綿《もめん》のバジチョゴリを着て、草鞋《わらじ》を履いた者等靴はマチマチでした。白い手拭いを頭に巻いたのもいました。船に乗るべく、数百と群がってしゃがんでいる姿は、絵で見た草むらを羊飼いに連れられて行く羊の群れでした。いま考えると、彼等は何処に行くのかも知らない、死地に追いやられるおとなしい山村の田舎の若者でした。戦争とその印象だけが残っている混雑していた釜山の駅でした。何とも悲しい港町、釜山港でした。

日本は日本帝國のアジア侵略の口実をアジア共栄圏の確立、共存共栄を叫びました。そして、植民地に港湾を築き、道路を舗き、鉄道を四方に走らせました。物質を運び、都市を建設しました。行政と治安の確立の為に反対者や非協力者には、人間が考えられる悪辣《あくらつ》な拷問《ごうもん》(手を後ろに縛《しば》られて腕から吊《つ》らされ、生爪を剥《は》がされ、縛られて逆さに吊るされ水槽に入れられたり等)をしました。警察や憲兵達は、恐怖《きょうふ》そのものでありました。そしてその憲兵や警察の中には、威張《いば》りかえった朝鮮人も居たのでした。彼等に睨《にら》まれると投獄される等手段を選びませんでした。

日本は徹底的に植民地反対者、つまり民族意識を持つ者には思想犯と烙印《らくいん》を押して、強く弾圧を辞《じ》しませんでした。その代わり群《むら》がる日本人化、つまり植民地支持者の、日本に諂《へつら》う朝鮮人には優遇をしました。その極端な合併政策の條文は、民族分裂を図《はか》ったものでした。

第三條　第四條の内容は、日本国皇帝は韓国皇帝及びその一族に対し、名誉、優遇、歳費、資金を供与す。

第五條　日本国皇帝は、勲功ある韓人に対し、栄爵を授け、恩金を与える。

第六條　日本国政府は、併合の結果として、法規を守る韓人の保護福利の増進を図る。

第七條　日本国政府は、誠意忠実の資格ある韓人にして、帝国官吏に登用すべし。

「植民地」朝鮮の都市には、新しく道路を敷き、行政地区、日本人居住地区の開発と共に、大きい定期連絡船は日本人を数限りなくどんどんと運んで来ました。朝鮮総督府は、日本帝国の大野望の進出の手段として、日本人専用の学校とは別途に、全朝鮮人を準日本人として仕立てる為に教育すべく全国に学校を建て、国民学校の普通教育の義務を実施しました。

そして、日本人としての意識を徹底的に洗脳《せんのう》しました。先ず母国語である朝鮮語の使用禁止です。強制と鉄拳《てっけん》で日本語専用を実施させました。先祖から受け継《つ》いで来た私達の姓名も、強制的に日本名に創氏され、日本の発音で呼ばれました。毎朝九時には、全校生が東に向かって、東方礼拝の最敬礼をしました。どんなに寒い朝でも、三〇分間朝会はさせました。つまり日本の東京に向かって、日本国王天皇に深い敬礼をさせるのでした。そして、日本国民で有るとの誓いを声高らかに叫ばせるのでした。三学年からは、全員整列して往復十〇キロもある日本の神社参拝に毎週連れて行かれました。徹底した恐ろしい教育でした。

国民学校も、中学校も、朝鮮に関する教育は一切ありませんでした。朝鮮の言葉は勿論、朝鮮の歴史などは禁止でした。自分の祖先や祖父の名前すら覚えない子供達に、日本の萬世一系百二十四代の日本国王の名前を暗記させました。なかなか覚えられるものでは有りませんでした。教育勅語なるものも暗記できねば、鞭《むち》が待っていました。そして事ある如に「ヤイ朝鮮人、ヤイ朝鮮人、朝鮮人のくせに」と軽蔑《けいべつ》されたものでした。

特に、歴史の時間には日本の歴史を学びました。自国の歴史は何一つ知らされず、唯鵜呑《うの》みの日本歴史でした。本当に訳《わけ》の解らない混乱を感じた事は、一度や二度ではありませんでした。「大昔、日本の偉い女王神功皇后《じんぐうこうごう》がいて、大勢の日本軍勢を率いて悪い悪い新羅を征伐し、さんざんにやっつけて帰って来た」「朝鮮半島の南は、昔から日本の領土であった」等と教えられた時には、何と無く判ったような判らないような恥ずかしさを覚えてなりませんでした。年をとった今日になって日本古代史を読んで見ると、何と全然反対ではありませんか。あいた口が塞《ふさ》がりません。それどころではありませんでした。

朝鮮語を使用した私達朝鮮の国民学校の学生は、先生に木剣で殴《なぐ》られました。私もクラス団体体罰で何度も殴られました。全員何かと小さな理由でもあれば、何時も鞭で叩《たた》かれたものでした。なぜあのような教育を受けたのか、今になって考えると、やはり植民地の子供達に、日本人に対する絶対服従を教えこむ事に目的があったようです。五年生になると男の学生は全員、大きくなったら日本の兵隊に行くとの誓約文を書かされました。全くなんだか訳のわからない、悲しい毎日の事でした。しかし優しかった女の先生や看護婦の先生などは、子供の目にも素敵で、印象的な先生も居ました。

日本は、現地人の労働力を絶対に必要としていたので、朝鮮の従順な人々は、日本人の下で働きました。教育のあるもの、技術力のある者等は日本の経営する会社や工場に就職し、或る程度の安定した生活をしました。朝鮮の人の中には、日本の政府要路に積極的に取り入り、民族を裏切るような行為をする事も平然としていました。大勢の朝鮮の王族や高官達は、日本の貴族になりすましました。中央官吏である総督府官吏、地方官吏である道知事、郡守、道議員、市長、面長、市議員、判検事、憲兵、警察、国民学校の先生、里長、銀行、金融組合、水利組合、面書記等に至るまであらゆる行政や治安の権力の隅々に朝鮮の人がいました。日本の庇護《ひご》の下で新興した実業家と在来の大地主達は、共に日に日に栄え、その子女たちは権力に諂《へつら》い民族を売り渡した者等の子女と共に、殆どがソウルの名門中学や内地の名門中学から日本の最高学府へ難なく留学をしていました。特に、朝鮮人の先生の中にはいち早く日本名に創氏改名し、日本人に成りすまし、一番怖《こわ》い先生として恐れられる人も居ました。

しかし、日本による祖国朝鮮の植民地政策に抵抗心があったり、日本人の下で雇《やと》われて働く意志の無い者、朝鮮の独立を夢見る若い高等教育を受けた者、農村の普通の朝鮮の民は重税でどんどん土地を奪われ、貧しく飢えていきました。田地の多い大地主や実業家、そして日本に諂って一定した職にありつけた者は生き残り、その他の人々は、田地を手放して細々と生き延びました。特に、国民学校の先生は、日本の政策の最重要事である朝鮮の児童たちの「皇民化」にする手先である尖兵《せんぺい》だったのです。だから特に優遇されました。しかし田地が無く職の無い者等は、家族をつれて里を遠く当てもなく、夜中にこっそり離れて去りました。都市に移ったり、遠い満洲に逃れたり、日本の九州や北海道等の炭鉱の深い炭坑で辛い労働の末に、祖国にも戻れず帰れずして、異国の空の下で死んで行きました。

そして一九三〇年代の後半から終戦までは、このように全てが戦争に明け暮れました。家々に竹槍を作らせました。家の鉄製の品物と銅で出来た食器類は、全て没収されました。教会の鐘もお寺の鐘も持って行かれました。戦争の弾丸を作る為と聞きました。着々と軍備をしている日本は、自信に溢れていました。中国との戦争も、大平洋戦争も、最初は日本の勝利の戦争でした。日本教育に浸《ひた》っていた私達朝鮮の児童達は、中国戦線や大平洋戦争の日本の赫赫《かくかく》たる戦況発表に、先生につれられて歓声を上げました。朝鮮の子供達はCMソングのように「支那人チャンコロ皆、皆 殺せ」「鬼畜米英撃滅」を叫んだのでした。誰が教えたのでしょうか。なぜ流布させたのでしょうか。先生は、戦争のお話と軍歌ばかりを歌わせました。

国民学校四年で軍事訓練を毎日しました。五年では銃剣術をやらせられました。完全な配給制度で、朝鮮の民は痩《や》せて飢《う》えていました。虐《しいた》げられた汚い貧しい人々が、眼に映るのを感ずるのでした。国民学校を終える頃には、激しい戦争はどんどんと広がって行きました。勉強の代りに毎日が学徒勤労奉仕、つまり働かされたのでした。

私の故郷の釜山港には、数多い大きい日本の御用船と呼ばれた船舶が集りました。駅の中も、汽車も、兵隊と軍事物資で溢れていました。戦争は私達の知らない遠い何処かで始まり、段々身近に迫って来るように感ずるようになりました。そして、そのうちに何時の間にか負け戦になって継続する日本の後退と敗戦で、とうとう終戦になったのです。本当に戦争は終りました。植民地も終わりました。慌しい終戦後の有様、混乱を極める朝鮮とは逆に、日本の全ては歳月が流れると段々と廃虚の焼け野原から立ち上がり、朝鮮戦争を契機に昔の繁栄に戻り、社会も安定して見えました。戦時中に教わった「全国民玉砕、上陸したアメリカ兵を竹槍で刺し殺し自分も死ぬ」の事態は日本にも何処にもありませんでした。あるのは戦争中の恐ろしいかけ声から敗戦と同時に、一瞬の間に手のひらを返すようにアメリカ一辺倒に靡《なび》き、アメリカの傘《かさ》の下で民主的自由と繁栄があるのを見るのでした。

しかし、その代わり覇権《はけん》主義の日本の植民地、戦争の下敷きになって、犠牲にされていた私達朝鮮半島とアジアは、その後どうなったのでしょうか。混乱と悲劇は終わりませんでした。朝鮮は日本の代わりに南北に分割され、更に動乱戦争に立たされました。そもそも日本の植民地が原因だったのです。「終戦六十年」になりましたが、いまだに日本が引き起こした植民地と、戦争から始まった悲劇が原因で、朝鮮半島の人々は、今もその深い傷跡と胸に悲しみを秘めて涙を流しているのです。

なぜ朝鮮が南北に分割されたままの深い傷跡が今もクッキリ残されているのでしょうか。六十年の永い間、民族間の紛争の悲劇と不幸に、いまだに苦しまなくてはならないのでしょうか。日本がアメリカとソ連に分割されるとか、占領されるべきではなかったでしょうか。日本が名古屋あたりから二分されたら皆さんはどんな気持でしょうか。「終戦六十年」。私達の悲劇は残念ながら、悲しい事にまだ終わっていません。いまだに悲運だった過去の日本の植民地の悲劇的歴史と、日本が起こした戦争が原因で私達の国土は分断され、帰らざる若人が数十万で、しかも分割されたまま朝鮮動乱の悲惨な酷《ひど》い運命的な悲劇をも受けたのです。又、いまだに深い傷跡も癒《い》える事無く、今も血が滲《にじ》み、疼《うず》き、流れて、苦痛で苦しんでいるのです。暗い暗い歳月が涙と共に流れ、統一もほど遠く、朝鮮の哀れな犠牲者は数百萬人にもなります。離散家族を含めるともっと多いのです。

日本の国王や総理のような御偉いお方から「済みませんでした」、「遺憾《いかん》でした」と言われました。「何度謝《あやま》ればよいのか」との日本の世論も読みました。こちらももう聞きたくない詫《わ》びの言葉です。あれ程酷いことをして「遺憾《いかん》で済みませんでした」私達も聞き飽《あ》きた言葉です。「本当に悪かった。もう二度とそんなことを致しません。皆さんお許し下さい。」と何故言えないのですか。終戦に際した、ユダヤ人に対する独逸と、韓国に対する日本のありかたの差がそれなのです。そこに日本があると思いませんか。感性で考えるのが韓国人の特徴です。面子《めんつ》や体面がそれ程重要ですか。過去にこだわらず一度の侘《わ》びでお互いに手を心から取り合えたはずです。「それ見ろ。アメリカに手のひらを返して諂《へつら》い、日本に力がついて来ると昔の植民地には遺憾でしたか…。」との冷笑が生まれるのです。

日本の皆様、植民地だったが故のこのような出来事も、六十年も経ちますとたいぶ忘却されて行っています。朝鮮を植民地にして悪事を働いた人もされた人も、生き残りは段々と数少なくなりました。戦後育ちの日本の若い人は、「日本人が戦争を起し、植民地でその様な事を…。」まさかまさかと言い、信じようとはしません。教育のせいでしょう。韓国の若い人は祖父や父の古い話しを聞き、覚えてやたらと興奮してしまいます。私達のように、少なくとも一九三一年以前の生まれで、辛い植民地の苦しさを直接身で受けながら、身を焼かれるような苦しさを味わいながら育った老人で無くては、本当に過去の日本を語ることは難しい事でしょう。それで私のような老いた者が、若い人に言い聞かせる為にも、念を入れてこの様にくどくどと書いたのでした。韓国の人々にも、日本の皆様にも聞かせたいのです。韓国語でなく、日本語で書いて、日本人の皆様にも直接読んでほしかったのです。

「日本の皆様」、

以上、古い過ぎ去った昔の事でした。日本と朝鮮の間には、古くからいろいろとありました。そして、時代も大きく大きく変わりました。現在、今の私達韓国人は未だ統一も出来ず居ますが、過去にとらわれず、世界に門戸を大きく開け友好と善隣に努力しています。日本とも勿論の事です。つまり、古い殻《から》を捨てた新しい日本を期待しているのです。世界の日本を期待しているのです。世界が心から尊敬する日本になって欲しいのです。ソウルの街には日本人が沢山来ていて、楽しそうな日本語を何処でも聞く事が出来ます。韓国の人々が列をなして日本に旅行し、航空機の座席が求め難い程です。皆、日本を正しく理解しようと努力しているようです。留学や経済的繋《つな》がりや文化交流と共に、人間同士の暖かく、美しい友情も沢山持っていると思われます。

特に私にとっては、日本は非常に大切な恩の有る国なのです。戦後の恩恵と、昔の植民地人が持つ歴史的遠い怨恨《えんこん》が重なりますが…。私は小学校一年から七〇年の永い間、日本の本を読み、書き、会話に不便は有りません。幼少の頃には強制で勉強した日本語だったのですが、その後十年の日本留学と芸術交流活動等、そして永い私の生涯が日本の恩人や友人等と深い繋《つな》がりが今も有るのです。そして真心から韓国と日本との共存共榮を望み、お互いの善隣と繁栄を切に願う者です。

しかし、ごく一部でしょうが日本人も韓国人もお隣の国の感情を害する発言をしたり、侮《あなど》るような発言をしたり、それを利用する人が居ると云うのは良い事とは思っていません。お互いにそれではいけません。そのような発言を読んだり、行動を見ると、韓国人は直ぐ昔の事を思い起こしてしまうのです。つまり、植民地になる前の昔の事ですが、日本の浪人《ろうにん》達が日本刀を手にしてソウルの町を徒党を組み、我が物顔に練り歩き暴力を振るっていました。あげくには宮殿に駈け込み、朝鮮の王妃を後ろから斬りつけ殺害したりする無頼の徒のようなことをしました。このような事を、平然としていた日本でした。しかし、もう国家の主権を踏みにじられるのは御免《ごめん》です。日本の人々は、あまりに過去の事実を知らな過ぎるのです。不利な事はよく忘れ去るのです。つまり日本は、一九〇五年の独島(竹島)を島根県に編入する前から、もう既に日本の軍隊、無頼の浪人達が、この有様であったのです。

私達韓国の人々が、深く懸念《けねん》して憂《うれ》えている事は、今も日本人の中には過去の加害者としての戦争犯罪と、植民地として全てを朝鮮から強奪していった自責《じせき》の念も薄れ、「帝政時代の頃の様に、優越感に満ちた意識的な歴史の歪曲《わいきょく》と教育、国粋的極右団体、軍国主義への懐古的意識の流布」等を公然としている人達のことです。本当に困った事です。日本の靖《やす》国《くに》神社には沢山の昔からのいろいろな戦没英霊が収められています。そしてその中には、特別に大東亜戦争、太平洋戦争のA級戦争犯罪人として処刑された人々がいます。

「戦犯が奉られている靖国《やすくに》神社」。日本国の総理のような人が公然と参拝するのは、「戦争犯罪人、即ち、日本の愛国忠臣」として解釈しているからですか。当時、政治家や高級軍人以外の兵士や、一般国民の日本人も、この戦争にて戦死したり、爆撃等でどれだけの人が命を失い負傷者になった事でしょうか。戦争の為に南方諸島の日本の軍事基地の潰滅《かいめつ》、本土の都市の破壊、本土軍事基地施設の破壊、撃沈される戦艦と輸送船、原爆の決定的被害等を受けました。あまりにも悲惨極まる事でした。しかしこの戦争で、私達朝鮮人のように強制的に連れ去られ、誰の為とも理由も無く死んだ、殺された若者の家族や、その憤怒《ふんぬ》がいまだに消え去らずにいる隣りの国々の人達はどうしたら良いのでしょうか。胸の痛み、涙もまだ乾《かわ》いてはいない立場の人々を考えて下さい。深い傷もそのままです。

父なし子で育った人は、もう六〇代、七〇代になり、戦争未亡人の母親は苦労の末に早く亡くなった事でしょう。又、私達朝鮮の南北の分割が齎《もたら》した不幸に対しても、知らぬ、存ぜずでは日本は済ませられる事では無いでしょう。それで日本は、靖国神社の戦犯に関しては配慮あってしかるべきだと言うのです、私たち韓国や中国、東南アジアの人々にとっては、本当に許せない戦争犯罪人に他なりません。戦争犯罪者個人が憎《にく》いよりも、野欲の塊《かたまり》みたいな日本帝国主義と植民地、戦争はあまりにも周辺の国々に、大きな罪を犯し、苦しみを与えたのです。しかし、今は歳月と共に段々と忘れ、傷も癒《い》えようとしています。或いは、今も鮮血が流れ、年をとっても忘れえず苦しんでいる人も居る事と思います。忘れようとて忘れられる事ではないのでしょう。だから日本は、迷惑《めいわく》をかけた周りの国々に細かく気を配って欲しいのです。日本は「二度と侵略や戦争はしない」と国内外に、その誓いを示して欲しいのです。

昔、加害者であったはずの日本が、最近は被害者のような哀れみや悲しみを世界に訴えています。終戦六十年になります。いまだに韓国や中国等は日本を加害者だ、加害者だと言っています。反面、日本は平和な国に原爆が落ちて、敗戦したとばかりに広島の被害をのみ泣訴し、平和の使徒のように『広島』『広島』と言っています。

たしかに長崎や広島は、胸の痛む悲劇には間違いありません。私たちも同じ人間として、その不幸に悲しみに胸が痛みます。近隣の国々も全て同じく胸が痛む事でしょう。犠牲になった人の中には、朝鮮の人も当時相当いたようです。本当に悲しいことです。しかしその反面、原爆が落ちていなかったら日本本土のその後の戦争の成り行きと被害はどうなった事でしょうか。日本の軍部は、長野県の松代《まつしろ》の地下大本営に立ちこもって、最後の一兵卒に至るまで玉砕《ぎょくさい》するのですか。日本国民を楯《たて》に皆殺しにして、それでも戦うつもりだったのでしょうか。過ぎさった昔の事とは言えども、今でも心の痛む恐ろしいことです。

そして、私達の事も考えて下さい。私達は一体なんなのですか。日本の為にと云われて強制的に…。考えても考えても悲しくなるのは、わけも無く死んでいった身内の事がこんなに歳月が流れたにもかかわらず思い出され、惜しまれるのです。何の為だったんでしょうか。帰って来やしないかと夢のようにうなされながら、過ぎて流れて行った永い永い待ちくたびれた日々の朝鮮の民族でした。涙に明け暮れた人々でした。日本人の戦争の為に強制的に巻き添《ぞ》えにされて、軍人、軍属、労働者、慰安婦等として連れ去られて死んだ人達の事です。そして死んだ若人の本人は、ともかくその人を奪われたが為に起きたその家族の不幸は、どんなになった事でしょうか。共々全て生きる望みが大きく狂ってしまった。朝鮮人の数百万の人々の流した悲しい涙、生き抜く力の無い人々の人生の苦しみを、不幸を、考えた事がありますか。この人々の変わり果てた人生と生涯は、どのように何をもってでも償《つぐな》えるものではありません。泣いても怨《うら》んでも恨《うら》み切れなかった事でしょう。

「結語です」

決して忘れてはならない過去の歴史も重要です。しかし更に重要なのは、これから来るべき危機をはらみ、迫りつつある現実や未来です。特に私達の韓国は、内外にいろいろな難題と危機に晒《さら》されています。爆薬庫のような不気味さがあり、これからの戦争は絶対に一国にとどまらずその他の国にも波及する、想像を絶する事態になるだろうと言われています。周りには強大国として覇権を強いる国もあります。そして、核開発と軍備拡大を各国が急いでいます。恐るべき戦意と対立を深め、危険な暗雲が立ち込めている現実の東南アジアです。日本も例外ではあり得ない、という日本の世論も読みました。

いずれ日本も、自衛から再軍備に向かい戦争準備に拍車《はくしゃ》をかけ、戦前のように数千の戦闘機と航空母艦や戦艦など百数十の艦船を建造し、そして二百万の日本の若い兵士が動員される世になるのでは、と周辺の国々は不安のうちに見守っています。

昔のように帝国憲法に変えて軍事大国になり、如何なる戦争も辞さないという強気な考えや豪語を口にする人が増え、核開発さえも論じられているのも読みました。しようと思えば、核開発も日本にとっては易《やさ》しい事かも知れません。日本が核を持ち、全国至る所に配備する日が来るのかも知れません。そうなれば、韓国や台湾も核を開発するでしょう。中国、北朝鮮、日本、韓国、台湾と各国が核で各自武装する日が来るのを防ぎようが無いのかも知れません。或いは、瞬間の判断錯誤《さくご》により核でお互いに打ち合い、この東南アジアから世界の平和が一瞬にして崩《くず》れ、地球が阿修羅《あしゅら》場に変わる事もありえるとの記事も読みました。私達韓国のような狭い国土の人々は、どうしたらよいのでしょうか。心から平和を祈る気持ちにならざるをえません。

私は、この平和を祈る輪に手をつなぎ合う韓国と日本であって欲しいと願います。何よりも直ぐお隣の国ではありませんか。お互いに心からの信頼と友好が無くてはいけません。危機を前にして、より緊密な協調が望ましいと思われます。その為にも先ず重要な事は、意識的な教科書等の歴史の歪曲をしない事です。昔は、いろいろな捏造《ねつぞう》も出来た事でしょう。考古学、歴史学も無かった植民地時代もありました。しかし、時代が変わり今は学者も増えています。真実や研究が明るみになる世の中になりました。

それから小さな岩島である独島《とくと》(竹島)への日本の主張をこの際、潔く撤回《てっかい》する事です。韓国人が持っている、日本に対する古い過去からの疑惑と不信感を無くす事が重要と思われます。日本が刊行した数種類の古い地図や資料と共に、韓日両國が併合される際の状況からして見ても、これだけは日本の主張が誤《あやま》っているのと同時に、無理なようです。その代わり、東海や独島(竹島)周辺の海域の平和利用と開発を共にすべきでしょう。

日本の皆様。つまり独島(竹島)の領土は、古くからお互いに東海に浮かぶ朝鮮「韓国」の孤島として認めていた事実をどうぞお忘れなくお願いします。本当に優れた面の多い国、私にとって恩のある日本です。お互いに平和につつまれて何時までも手を取り合った「新しい日本、新しい韓国、信頼のおける隣国」であって欲しいとの願いを込めて、この拙《つたな》い文を締《し》めくくります。

李　仁　榮

藤原歌劇団アイーダ公演　1969 東京文化会館.　左から 山口和子（アイーダ）
栗林義信（アモナスロ） ザンピェーリ（ラダメス） 李仁榮（祭司長ランフィス）

日本に送る恋文

クリスタル アーツ プランニング様

（音楽事務所代表社長 佐野光徳）

御元気ですか。段々と気温が上がり、初夏の気分がして来ました。アルフレード金君が新しく録音をして送るとの事です。

今、凄《すご》くあちこちで歌っているので、少し差し控えながら大成する為に、よく選んでするように話しました。背丈も容姿も、声も、音楽性、頭脳もよい、テノールには珍しく話をしても理解がはやい人です。

まあ楽しく期待を持って見守る人の一人です。最近少しずつ発声が解って来ていますとの電話でした。

私は二十九日、三十日と引越しをします。距離は二キロ程離れていますが区が変わります。しかし、電話ＦＡＸ、携帯《けいたい》の番号はそのままです。少なくとも、一週間は携帯に依存するつもりです。

本当に、人類が発達しているのやら末世になって滅亡して転げ落ちているのやら新生肺炎の有様に気が滅入ります。新しいペストみたいな悪い気持がします。

特に、老人には不安なので、新聞を熟読しています。

アパートが嫌いな私です。庭も、木も、花も無い殺風景なものですが、年をとると家内の剣幕《けんまく》に恐れてついて行きます。さて数十年のガラクタを、いかにして生活をすべきか全く目当てが立ちません。書物等も整理します、これから私がどうなるのか不安です。ガラクタと共に捨てた気持ちですが、簡単な生活のために、本当に全てを捨てるつもりです。

眠れぬ夜に一筆書きました。

二〇〇〇年　四月　二十七日　未明　ソウル　李　仁　榮

朴 麻美 様

（新井麻美 女大生）

ＦＡＸ有難う御座いました。「風涛《ふうとう》」それです。

私の歳が二十五か二十六の一九五五年頃の事でした。偶然読んだこの本に私は涙しました。私のような老人は、終戦になる戦前までは、朝鮮も民族も日本帝国の植民地の下でどんなに苦しんだ事か知れません。併合との美名の下に朝鮮の民は、日本人として教育されたのです。厳しく恐ろしい教育法で、いつも鞭を持って朝鮮の児童を殴《なぐ》るものでした。日本の憲兵《けんぺい》も、警察も、官吏も、学校の先生も、みんな暴力でした。だから人々は、亡命したり労働者として、貧しい故郷をすてて、満洲や都会に流れて行きました。沢山の数え切れない数十万名が、帰らぬ客として、お互いに消息も生死もわかりません。

しかし、朝鮮の民は、迫害を受け、田地を奪われたり被害を受けましたが、日本が敗戦しやっと植民地から開放されました。愚かな国、愚かな民でした。もう、これからは、このような馬鹿な事はありえ無いと少年の私は、心に誓《ちか》いました。しかし何も残って無い国では、特別な専門の勉強が出来ないので、憎くもある日本でしたが、私は逆に日本に勉強に来ました。終戦後の日本は廃虚だけでしたが、そのうちに私は学友や知人が増え、新しい戦後の日本のよい面を理解し、楽しく勉学するように努力しました。

しかし日本に来た私は、残念な事に自分の国、韓国に対する知識を学ぶ時間がありませんでした。植民地で育った当時、やっと自分の国の言葉の読み書きは、秘密に家で少し覚えても、日本の本より他に読めるような朝鮮の本も無く、自分の国の歴史なども全く知らず育ちました。、その間、教育を受けた日本の歴史を帝国史観によって学んだだけの偏《かたよ》った人間でした。植民地の間、強制的に自分の名前も変えられ、自国語も話したり書くことを禁じられていたのでした。そのような可笑しな事が有りますか。しかし、それは事実だったのです。つまり私は植民地のせいで自国の過去の歴史を知らぬ事を、内心いつも恥ずかしく思っていたのに、この「風涛」と云う本で自分の国の過去の古傷をよんで唖然《あぜん》としたわけでした。

特に、日本に攻めてきた蒙古軍が、神風つまり台風で、海の中に溺《おぼ》れ死んだと云うのは、実は蒙古《もうこ》軍と共に強制に連れ出された自分の国、朝鮮の若い人が殆どだったとは知りませんでした。日本の帝国主義や植民地と云い、この風涛と云い、全く哀れな話しであり、恥ずかしい祖先の弱い民族の悲しさでした。その日以来私は、井上靖《いのうえやすし》と言う作家の意図《いと》したものが何であるのかこの作家に関心がありました。

新しい亜細亜、新しい世界が来つつあります。古い自我の、捏造《ねつぞう》された歴史観の上で隣国や亜細亜を考えるのは知性人のする事では無いでしょう。新しい考えの人がどんどんと増えています。その若い人達に、真実を知らしめる必要を感じるのです。長い間、忘れられていたこの本が探せなかったのでした。

朴麻美さん有難う。皆様に宜しくと御伝え下さい。

二〇〇二年　八月　二十七日　　ソウル　　李　仁　榮

池野　千恵子　様　　　（東京芸大 ピアノ卒、同級生）

新年。　おめでとう御座います

もっと元気でありますように。健《すこ》やかで考えも動きも変わらないお互いでありますように・・・。今年もご立派な活躍をなさって下さい。

私は残念ですが、ろくろく動いたり歩いたり出来ません。独り旅の出来ない自分が寂しいのですが、意欲に駆《か》られて旅をしては寝こんでいます。段々と下り坂を見つめて生きています。

二〇〇二年は　二月　小松 金沢 能登
六月　ロサンゼルス 東京（一人）
九月　札幌 函館 青森 奥入瀬 秋田
十一月　ケルン マドリード バルセロナ ミラノ ローマ
十二月　北京（一人）

まるで駅馬車のように走り回って倒れる馬鹿な自分がおかしいのですが。ソウルに黙って座っているのが精神的に嫌《いや》なんですね。アメリカは姉と妹がいるので。小松、青森は団体に付いて。ヨーロッパは家内と結婚四十周年、北京は学術交流の為に公用でした。

今年はクラス会にぜひ参席したいと願っています。何処か東京以外であって欲しいものです。矢張り日本が素敵ですよ。サッパリした日本で秋の景色でも皆さんと楽しみたいですね。後どれだけ生きられ、何度逢えるやら…。クラスの友人諸君との逢える喜びと望みをもってお互いに無理にでも。元気をつけて新しい年を迎えましょう。

二〇〇四年　元旦　ソウル　李仁榮

川島　順三　会長　様

（浜松掘留開発社長、浜松市民オーケストラ、浜松市民オペラ理事長）

お変わりは御座いませんか。御元気で頑張《がんば》っていらっしゃるようで、何よりもまして喜ばしいことです。私も何とかヨチヨチしながら、数日に一度大學に出たりレッスンをしたり原稿に向かったりして、歳月の流れるのを見つめています。

浜松のオペラが、いよいよ練習に入りましたね。私は一九五五年の秋に芸大の学園祭で奏楽堂で学生によるオペラ魔笛が演奏会型式でありました。私は三年生でザラストロを歌い、四年の立川澄人さんがパパゲーノを歌いました。一九七二年に韓国国立オペラで魔笛の初演があり、矢張りザラストロを歌いました。指揮は昔「ＮＨＫ」常任のクルト・ヴェス先生でした。その後、私は一九七四年にクルト・ヴェス先生に招かれてオーストリー　で三回の獨唱会をしました。韓国における独逸オペラは六二年にフィデリオのロッコの役をマンフリット・グルリット先生の指揮で歌いました。演出は世界的バリトンだったゲルハルト・ヒッシュ先生でした。それから魔弾の射手も歌いました。

藤原歌劇団では五六年に、ドン・ジョヴァンニの騎士長の役をグルリット先生の指揮で日比谷公会堂で歌いました。藤原義江、砂原美智子等の先輩の先生と共に歌いました。オペラは実に思い出深いです。そして私が若い頃、日本で所属して歌っていた藤原歌劇団や日比谷公会堂、東京文化会館の舞台が今でも眼に映《うつ》ります。

若い青春を燃やした東京でした。同じ舞台で歌った先生や友人は殆《ほとん》ど亡くなりました。寂しい限りです。手紙を書いてるうちに思い出したのですが、三月二十三日の今日は、御恩にあずかりました藤原義江先生の命日にあたると思います。何年か前に、アメリカの帰りに先生ゆかりの人達が集まりました。鎌倉の霊園にお参りして、久しぶりに一緒に昔のお話しや懐かしい人達にお会いする事が出来ました。しかし、これがお互いに見納めになったようです。わざわざ知らせて頂いたバリトンの津田孝雄さんもその後すぐ亡くなったそうでがっかりしました。御夫婦でいらして仲良くソウルの町を歩いたことが昨日のようですが・・・。

李　仁　榮

川島　順三　会長　様　貴下

昨夜、春雨がやや強めに降りました。夜、音楽会から帰って少し咳《せ》きこみましたが薬のおかげで今朝は良い気分になりました。

会長はお元気のようで何よりです。体に気をつけて下さい。貴重なお茶を心から感謝致します。わざわざ取り寄せてお送り下さいました会長のお心に言葉もありません。

二、三日かけて川端康成さんの「雪国」を読み終えました。新潟に家内と行くので読んだのですが、湯沢温泉が良く描かれていました。美しく新しい表現の日本の言葉が面白く光景が見えるように思いました。表現力が素晴らしいと思いました。

私は、五月二十一日に韓国芸術院の春季セミナーで、地方の安東《アントン》と言う旧い町で「韓日関係史から見る韓国歌曲、鳳仙花の誕生」と言う題で発表を致します。つまり一九〇一年に作曲した滝廉太郎の「荒城の月」と、一九二〇年に作曲された洪蘭波《ほんらんぱ》の「鳳仙花《ぼんすんふぁ》」に始まる、韓国と日本との歌曲の発達や特色、戦争や政変が齎した時代背景が発表の内容です。藤原義江先生から始まるレコードによる歌曲の比較も一緒に致します。

どうぞ御元気で頑張って下さい。お茶を有難う御座いました。

二〇〇四年　四月　二十七日　ソウル　　李　仁　榮

北園　整子　様

（東京芸大声楽科卒、ソプラノ、同級生）

この度はご苦労様でした。まったく童心に返って健康に良かった楽しいクラス会でした。私も馬鹿笑いの音頭《おんど》を取ったりしましたが、私の人間の程度も価値も昔より良く皆知れたものですので、気取る必要も無いのが楽しさの源《みなもと》では無かったでしょうか。久しぶりに集まった友人達、何年ぶり何十年の歳月に頭もツルツルになったり、白髪になったり、私のように杖《つえ》に頼ってヨチヨチ歩きも・・・。昔、跳《は》ね返って飛び回った学生の頃のお互いを知っているからこそ、楽しさが膨《ふく》れあがったのかも知れません。

八十を越せば、なかなか集まるのも無理でしょう。今の内にお手手つないで集り歩きましょう。私がヨチヨチ歩くたびに荷物をとったり、手をつないで頂いた「昔のみ目麗しき令嬢諸君」に感謝、感謝。

あの晩すーっと帰って行ったり、参加もしなかったクラスの背徳の士諸君に、遠い国からわざわざ行ったのに全く残念だったとお伝え下さい。ハッハッハ・・・。

私はこれ以上足が悪くならないように心掛けていますが、全く自信がありません。「昔の光今いずこ…。」の心境です。

どうぞクラスの皆様に御元気で下さいとお伝え願います。クラスの諸君、又逢いましょう。

二〇〇四年　六月　十四日　ソウル　李　仁　榮

川島　順三　会長　様

先日は雨中、わざわざ遠い東京までおいでになって頂き誠に有難う御座いました。この度も川島先生の貴重な人生のエッセイのお言葉を聞きながら、矢張り強い共感を覚えました。

いつも弱気で尻《しり》を押されてやっとやる気になり、何とか埋《う》め合わせの人生を送っていると、思いながら生きている私には羨《うらや》ましい限りのもので川島先生がとても大きく見える存在でした。

憂鬱な国内の政治の未来や、私個人の健康などが原因だと思いますが、この頃サッソウと歩いている若い人や悠然《ゆうぜん》と歩いている老人にも引け目を覚えます。その日ももう雨は止んでいましたが、立ち去って行く川島先生の後ろ姿にまともに生きた男の、人間の自信を見ました。

あの日、銀座の喫茶店の暗い壁を背景に写真が撮《と》れました。初めての小さなデジタルなので自信はありませんでしたが、しかし面白いですねぇ。とても追いつけない世の中になりました。

それからこの頃しきりに思うのですが、一日がフワフワと唯過ぎて行くんですねぇ。風船のように空気に乗って生きているみたいで、自分が全く情けなく、疲れているようです。

どうぞお体に気を付けて。御元気で、活躍お願いします。

オペラの台詞《だいし》如何になりましたか。早くお知らせ下さい。

二〇〇四年　六月　十四日　ソウル　李　仁　榮

朴正雄 社長様

（新井正雄、下関市シンセイ トラスト社長）

お元気ですか。いつもご無沙汰しています。

日本は大雨ですね。そして地震のニュースを見るたびに無事であって欲しいと願っています。山口県には大きな被害が無いとは思いますが、台風の経路を見ています。この度の新潟県の地震には胸が痛みます。

例の私達四人の昼食の集まりは今も月に一度はありますが、最近は憂鬱《ゆううつ》が重ります。私は悪い方の足が少しずつ痛く、重くて何にも手にする事も出来ません。

私達の会合も、朴恩会教授の健康の為に自然と集りが難しくなりました。具河書教授と李甲燮教授はとても元気です。私は市内のアパートに住んでいますが、経済学教授の三人はソウル市内から一時間三〇分も離れた所に矢張りアパート暮らしをしています。朴君はいろいろな学問や芸術に優秀な人であっただけに余計惜しまれるのです。

私も、八十を境に人生の締めくくりのつもりで、整理を急いでいます。自伝的随筆集を年内に出すべく、レコードの整理とＣＤの発行、記念音楽会のＤＶＤの発行等です。まずは自分の生きてきた道をひとつひとつ書いておきました。生まれから現在までの事です。約十年の労力がかかりました。印刷会社に渡しました。その中には萩《はぎ》で撮った写真と朴正雄社長の事も宇部の教会で撮った奥さんのお顔もあります。思い出や記念すべき資料を沢山盛り入れました。どんな本が出るのやら私自身胸が膨《ふく》らんでいます。

朴社長のお世話で、山口県でのいろいろな思い出が美しく残っています。ご家族の皆様や教会の牧師様にも宜しくお伝え下さい。

二〇〇四年　十月　二十六日　　ソウル　　李　仁　榮

石上陽子　様　（東京芸大声楽卒、メゾソプラノ、同級生）

新年、おめでとう御座います。今年も更に幸せな年でありますように。

去年の鎌倉でのクラス会は楽しい、心温まる和やかなものでした。本当によい想い出になりました。皆様の元気なお姿は、形や色は変わっても、数十年経った事が信じられない、昨日今日の再会のように昔の面影に浸《ひた》って時間がアッと過ぎたものでした。

元気な内に一度でも逢いたいと言い出した私でしたが、最近あまり芳しくない健康のせいでしょんぼりしています。去年十月の始めに転び足首、膝、腰を傷めて苦労しています。良く歩けない自身に悲観しています。

悪い足が更に悪くて鍼《はり》をしてみたり、いろいろ薬を飲んだりしていますが。昨日は神経外科、整形外科にいっていろいろ検査してきました。最近は体重が足首に悪いので家の中で車椅子を使用して動いている始末です、世界が病んでいます。人類も地球もおかしくなっています。今回の地震、津波の被害は不吉で悲しいものでした。私はこの体で、家内と車椅子の恩恵に縋《すが》りながら、二月一日から十四日までアメリカのロサンゼルスの長女家族に逢って来ます。弟、姉妹にも逢いますが、最愛の外孫二名が待っているのです。一年の交換教授で家族が行っています。

今年の横浜のクラス会に参加できる自信はありませんが、去年のクラス会が十年も経ったように思われます。どうぞ御元気で。私に送って頂いた美しいカード有難う御座いました。昔の事がいろいろ思い出されます。歳ですね。

二〇〇五年　一月　七日　　ソウル　　李　仁　榮

朝日新聞論説主幹　若宮啓文殿

紙面にて失礼致します。

私は学生の頃から朝日新聞を読んでいます。

今朝の新聞を読みまして先生の事を知りました。韓国の読者が喜んだ事でしょう。靖国神社の事は日本の事ですが、何も今時分に総理や大臣が人気や地元の事を考えて参拝を団体でし、過去に痛みを持っている周辺の国を、これ見よがしにする事は無いと思っていましたが、先生のご意見を読んでホッとしました。

できましたら、戦争の折りの戦犯の慰霊は、別のお寺の方が望ましくは無いかと私独りで考えていました。

小生の独島(竹島)に関する考えをお送りします。拙《まず》い文面ですが、これは私だけではなく韓国人の考えそして気持ちです。

どうぞ私達の気持ちをおくみになって、何かの参考にして頂ければ幸いです。

失礼致しました。御元気で益々のご活躍をお祈り致します。

二〇〇五年　五月　二十六日　　ソウル　　李　仁　榮　拜

朝日新聞論説主幹　若宮啓文　先生

丁重な書信を有難う御座いました。

古くから日本にも、それなりに独島(竹島)の領有に関する理由がお有りとの事にいささかビックリしました。物の事は相手様のお話も良く聞いて道理に合った判断をすべきとの事で、機会がありましたら先生のお話を謙虚に傾聴致したいと思います。簡単で無いとは思いますが、それから若宮先生の独島(竹島)の友好の島としての平和利用の事も、夢としてご立派で美しく、又楽しいとは思いますが現実的には現時点では難しくないでしょうか。

しかし、若宮先生の夢の掛け橋のような美しい構想に勇気を得て、私も韓国と日本を結ぶ未来の夢の海路を思いつきました。

現在釜山と対馬、釜山と下関、釜山と大阪を結ぶフェリーがあります。韓国の鬱陵島と隠岐島《おきしま》を結ぶ観光船があって、お互いに其処まで行って楽しく旅するのも如何でしょうか。ホテルや民泊が友好と親善を更に促進するのでは無いでしょうか。

釜山と対馬《つしま》のフェリーは成功だそうです。私もいずれ対馬にも旅してみたいと思っています。行ってきた人の話しだと、とても楽しく、すごく身近に感じたと言っていました。

日本人も隠岐島から船で独島(竹島)を横に見ながら鬱陵島に行き、韓国の人も聞いた事も無く、存在すらも知らない日本の海に浮かぶ隠岐島を旅しながらこの二国の二つの島が持つ歴史を考えたりするのも、この海域を平和に利用する事をウツラウツラと船の中で夢見るのでは無いでしょうか。つまり小さな岩島である独島(竹島)の領有権は韓国ですが、先ず東海(日本海)の海域全体を自由で平和に利用することが大切な気がします。

私は、この海を題材に創作オペラを考えたりしました。数年前からですが日本の友人にも話をしました。つまり太古の新羅、朝鮮の東海岸から漂流して行った若者、その恋人の帰りを待つ女、日本の浜に波で押し上げられた瀕死《ひんし》の若者、帰るに帰れぬ失意の若者を恋する浜辺の族長の娘、その娘の許婚《いいなずけ》の男と娘の兄・・・。

十年前に旅した山口県の土井ケ浜の博物館でみた、二千年も昔、全身に無数の矢を射られて死んだ一具のミイラの写真を見ながら悲しい恋物語が浮かんだのでした。何だか身をつまされる気がしました。そこの海辺には、二百数十の遺骨が埋められていましたが全部、顔が西の方の海の方を向いていたそうです。そして発掘物は朝鮮の南海岸の伽倻《かや》国の壺《つぼ》等でした。

父よ、母よ。私はこの地に住み、そしてこの地に眠ります。

流れて行く雲や列をなして行く渡り鳥で無くては、どうして帰れましょうか。飛べる鳥を羨《うらや》ましく思ったであろう、その昔の、古代人を思い浮かべました。

そして昔から日本に居住している帰るに帰れぬ、身動きも出来ずただずるずると生きている数十萬の韓国人(朝鮮人)。日本人にも成り済ませられぬ人々。諦《あきら》めて日本に帰化する人。何と無い日暮らしの定まれない不安な営みの中に、段々死が近く這《は》い寄って来る人々。在日の人々の哀れさ。悲しみを私は昔、学生の頃からずーっと見続けて来ました。

私はいつも日本を旅をする度に思うのですが、早く韓日の全てがすっきりしたものであって欲しいと願っています。韓日親善などがうわべの安っぽい鳴り物や政治の駆け引きの道具で無く、真から奥深くまともなものであって欲しいと思います。お互いに人間と人間の価値をより高めてくれる発想、相手を尊重しながらの交流であって欲しいと心から願っています。老人の長文になってしまいました。来韓の折りにはお声をかけて下さい。

どうぞ御元気で、御活躍の程をお祈り致します。

二〇〇五年　六月　五日　　ソウル

李　仁　榮

朝日新聞論説主幹　若宮啓文先生

先生のとても貴重な著書を、遠く私にまでお送り下さいまして誠に感謝に耐《た》えません。ソウルにまでわざわざお越し下さいました、小管幸一論説委員様にもお会い致しました。大変有意義なお言葉も頂きました。何しろ政治も経済も社会も良く知らない者ですが、自分だけで生き、自分だけで考え、自分だけで行動する、頑固《がんこ》な芸術かぶれの老人です。至らない点も多いですが、世間や他人に追従するより自分なりの方が生き甲斐《かい》をかんずるのです。だから、他人より感じたことを素直に書けるかも知れません。

どうぞ御元気で御活躍の程を祈ります。文面にて失礼の段お許し下さい。

つまらない平凡な私の本ですが、写真でも眺めて頂ければ光栄です。十四日郵便で送りました。

二〇〇五年　六月　十四日　ソウル　　　李　仁　榮

朝日新聞論説委員　小菅幸一　先生貴下

お変わりは御座いませんか。御多忙なところわざわざ御来韓されたり、度々のお電話有難う御座いました。

昨日六月十七日十二時からソウルの国立病院のスカンディアビアンクラブの会議室で、日本文化研究会の例会がありました。在大韓民国日本国大使館、公報文化院長の藤山美典公使の発表がありました。主題は「日韓関係の現状と展望（韓流ブームの効果を含む）」でありました。大変ご立派な内容でありました。いろいろな角度から照明した四十分の発表でした。

植民地、独島（竹島）、教科書、に関する問題もありましたが、韓流ブームに関する事は小菅先生のご意見とほぼ同じものでありました。会員各自の意見として私の発言しました事は次の通りです。

「韓流ブームは、日本に行って驚きました。眼で見るのと肌《はだ》でも感ぜられる、大きな音を発てながらの流れに一瞬眼を疑うものでした。原因はいろいろと言われました。韓国の人々も驚くばかりです。日流ブームは韓流ブームのように、大きな音を発て表に華麗さは無いように見えますが、実は二十年も前から静かに幅広く深く、韓国に大きな影響を齎していました。」

修交後、四十年の間に溢れるように流れて来た、鮮明なカラーのついた専門書籍、専門雑誌、生活用品でした。二十年前からは大衆文化が洪水のように店先に並びました。子供から成人用までの各種の漫画、アニメーション、ビデオ、映画等が不法持込で全国を包みました。漫画やアニメーション、コンピュターのインターネット、全国の文房具店や書店、レコードビデオ店を通して子供から大人まで深く入りこみました。現在家庭で、インターネットで子供達に無差別に成人用のＳｅｘものが氾濫《はんらん》するのです、その原物が日本物だとの聞くと、二度ビックリするのです。

日本の社会をモデルにしたように、良い面も悪い面もそのまま濾過《ろか》せず家庭に奥深く入り込むのでした。つまり、子供と成人の区別も無い危ない日本の物が、家庭と社会の毒素として指弾《しだん》の対象になっています。日本が韓国に直接与えたものではありませんが、しかし、このように非合法に入り込むのを防ぎ様がありませんでした。日流ブームはどれほど韓国の発展に大なる影響を与えているのか知れません。

特に、日本の仁義を売り物にするヤクザ、暴力団と、韓国に蔓延《まんえん》する暴力団との連結が韓国社会で問題になっているとの噂です。今も、中学校、高校などの学生暴力組織なども、後ろに暴力団組織との繋《つなが》がりだと言われています。全く悲しい事です。

良き日本文化の導入の裏に、良からぬものまでついて入るのは、何処でも多少致し方ないのですが、これが逆に良からぬものが大手を振つて日本文化と思われるのは、困った事です。しかし、NHKのBS放送などのように、韓国から高い評価を受けているのは高い年齢の人々から喜ばれているようです。文化招介、教養、芸術に関したものは、レベルが高く沢山の人が楽しんでいるようです。このように昔はとても遠いと思われた日本ですが、最近はすぐ間近にある二つの国であることが、生活の中の皮膚で感じ取れるようになりました。ですから、本当に文化の交流も次元の高いものに、人間の質的向上の方に主眼を置くべきだ思いました。

韓国人が意識していようといまいとに関わらず、私達は「終戦六〇年」いまだに民族と国土は分断され、いまも深くクッキリ傷が疼《うず》き痛んでいるのです。早く不幸なもろもろの悪条件を乗り越えて、平和で幸せな、統一された国になりたいものです。その為にも、日本の指導的な人達は、植民地、歴史の認識、教科書、独島(竹島)、慰安婦、戦犯の奉られている靖国神社の参拝など、隣国に刺激的であざ笑う様に思える、言葉や行動は慎《つつし》んで欲しいのです。日本の指導者が隣国の立場を配慮《はいりょ》した、大国としての品格を保ち、韓国に心からの深い信頼を示して欲しいのです。

小菅先生長い手紙になりました。誠に勝手な事を述べました。ここに日本文化公報院長、藤山美典公使の主題のコピーをお送り致します。

お元気で御活躍して下さい。

二〇〇五年　六月　二日　　ソウル　　　李　仁　榮

朝日新聞論説委員　小菅幸一　先生　貴下

お変わり御座いませんでしょうか。

六月二十二の日韓日修交四十周年に関する朝日新聞の論説を拝見致しました。社説の中に私の事が記事の文面として載《の》せてあるのは、誠に光栄に他なりません。私は政治家でも無く学者でもありません。外出して夜帰ると、ＦＡＸや日本の友人達からの電話を受けました。早速インターネットで新聞の内容を読みました。

矢張り朝日新聞の理性と知性、そして品格に感服致しました。日本に在留する韓国人が殆ど読んだそうです。社説の謙虚と寛容とのお言葉が胸を打ちました。

何処でも何時も思うのですが、下手な政治家達の計算された煽動的《せんどうてき》発言や行動、それそれにあふられる大衆にうんざりするのですが、それが人間で、世の現実でしょう。

オペラの事ですが…。早速作曲家は誰を考えてるのかとの気の早い日本の友人の質問に笑いが止まりませんでした。ユックリ残り少ない人生の余暇を費やし、楽しむつもりです。

有難う御座いました。深い感謝の言葉をもって挨拶をおくります。若宮啓文主幹先生にもくれぐれも宜しくお伝え下さい。

御元気でご活躍して下さい。

二〇〇五年　六月　二十三日　　ソウル　　李　仁　榮　拝

藤井三千勇　先生

（島根県、藤井建設設計事務所 代表）

御縁に与かりまして先生にこの様にお手紙を差し上げる喜びを得ました事は、身に余る光栄です。

小生の下手な拙文がお目に止まるのは奇遇としか思えません。実は、拙文を持って今年の四月に松江に行きました。しかし何処の誰に逢う約束も無いまますごすごとソウルに戻りました。

島根の新聞にも送りました。連絡もありませんでした。しかし朝日新聞のみ直接の連絡と論説委員がはるばる来ました。そして六月二十二日、朝刊の社説覧に韓日修交四十周年を記念した文面の中に私の事を載せて頂きました。

藤井先生のご縁で、この小さな私の主張が少しでもふたつの国の正しい理解と努力の末に、善隣と友好が増進する事にお役にたてばと願って止みません。

このＦＡＸのお手紙と別に小生のＣＤなどもお送り致します。
台風や大雨の季節です。どうぞお体に気を付けて下さい。

二〇〇五年　七月　二日　　ソウル　　李　仁　榮　拝

内藤正中　教授　様　（島根大学　名誉教授）

蒸し暑い日が続いています。初めて紙面にて失礼いたします。

私は、京都の韓国人尹應壽様から御招介を受けました李仁榮と申します。独島（竹島）問題に関する先生の新聞記事を、感銘深く読みました。国際問題等私の良く知らない分野ですが、先生のお話はとても勇気が要ることで有り、しかも説得力があって影響が大きいと思いました。それでこの様に門外漢の私が先生に突然お手紙を差し上げることになりました。失礼をお許し下さい。

私は政治家でも無く、政治の事は良く知りませんが、どうか韓日両国が平和に基づき、冷静で道理にあった思考と解決により、お互いの繁栄と善隣に連がって欲しいと願っている者です。

「日本の皆様」は韓国の人々の心の底を流れている卒直な心情です。特に植民地に生まれて七十六の年まで生きて来た、生きてる老いた証人の願いなのです。植民地がどんなものであるのかはご存知だと思います。内藤先生は御理解の事と思います。下手な文章で済みませんが私の考えです。

私は若い学生の頃から、内村鑑三、新渡戸稲造、南原繁、矢内原忠雄等の多くの日本の知性と良心、そして信仰と正義を貫いた人々を尊敬しています。平和憲法の基礎につながる精神の指導者でした。「戦争と植民地、帝國主義に反対していた朝鮮からの留学生や青年達に、あの絶望の時代に勇気と希望を間接的に与えた精神的恩人」だったのです。私達はこの日本人の名前を決して忘れないでいるのです。

私の拙書「歌と愛につつまれて」の中に北海道の紀行文があります。その中にもすこし書いてあります。

とても暑い毎日です。先生、お体を大切になさって御元気で下さい。

二〇〇五年　七月　二十日　　ソウル　　李　仁　榮　拝

小林信一　先生様

（日本合唱音楽振興会常務理事　事務局長）

長らくご無沙汰致しました。貴重なお便りを受け放っぱなしにして大変失礼しました。深くお詫び申しあげます。

私は、小林先生のお手紙にある平和と親善を通した、共存共栄と人間味溢れる音楽芸術で、お互いの友情の中にいつまでも有りたいとの切なるお気持ちは、私に深く感謝の念と共感を頂きました。

私も、現実の国際社会とは別に、心の底から日本に対し、温かく理解しあえる人間で有りたいといつも願っています。私のように日本の文化や日本の良さ（貧しくともつつましく真面目に生きた終戦後の人々）を知り尽《つ》くしている者には、余計日本の一部の政治勢力の悪い懸念《けねん》に落胆《らくたん》するのです。

同じく、韓国にも問題が多くなりました。この頃の若者は、戦争や死者、瓦礫《がれき》の山、負傷者、餓死、飢え、破壊、暴力、絶望等の悲惨や苦労を知ろうともしないのです。

腹が空いた覚えの無い、自分には火の粉や、高層建築が自分の頭上に崩れ落ちる事は有るまい。若い自分には悲劇な不運が有るはずが無いと、思っている漠然とした浅い甘い考えの若者達が多いのです。

体験が無ければ悲劇を考えられない、若者達の未来が眼に見える様です。自分の小指の先の一滴の血にはオンオン泣きながら、隣で飢えで死ぬものには見ぬふりをする現代の若者達。何処も彼処も、昔に比べて社会があまりに腐敗し贅択《ぜいたく》になってどうにもならない世の中になったようです。

小林さんからお話を聞いて驚いたのは、長野の深い山岳地帯(松代《まつしろ》)にトンネルを掘って地下大本営を築いていた事でした。恐ろしいことでした。最後まで戦うのには国民の何百万と云う犠牲を強いて、最後の一兵卒まで戦って、玉砕して果てるつもりだったのかも知れません。軍が強制して戦争をして、負け戦になれば国民を巻き添えに「一億総玉砕」。これはあんまりな考えでした。口実は「日本の為、天皇の為」。植民地の朝鮮の人々も兵隊にとられ、軍属に、強制労働に、軍の慰安婦に連れられていったのでした。特に、哀れなのは軍の慰安婦として、朝鮮の全国から村々に数を割り当てて、駈《か》り集めて連れて行った数万の従軍慰安婦たちの事です。殆どが東南アジアの奥地で或いは輸送中の船で撃沈されて死んだ事でしょう。終戦六十年。生き延びていた慰安婦の人々もいなくなりました。

私は最近、日本アルプスの立山を大町から富山に向けてケーブルカーで山越えしました。とても素晴らしい大変な壮観でした。長野県は日本の美しい自然と文化が残っているように思えました。しかし、この美しい景観の何処かに、強制徴集され連れられて来た朝鮮の青年たちが掘った松代《まつしろ》の地下要塞。そして、完成と共に秘密保持上から四百数十人の朝鮮の青年達は地下で爆死されたと云われている疑問の地。恨《うら》めしく悲しい話は、なぜこんなに続くでしょうか。関東大震災朝鮮人大量虐殺《ぎゃくさつ》事件、浮島丸事件等、その他私達が密かに噂で聞いた日本、朝鮮、中国、東南アジアに亘る、日本帝国の野蛮で非人道的な殺戮《さつりく》の話は、きりが無く、なんとも悲しく、いまいましいのかわかりません。平和の使徒のように振舞っていた日本のもうひとつの顔を見るようで憂鬱にならざるをえなくなるのです。それでも、過去にとらわれず眞心から平和を切に望みましょう。お互いに平和の為に手を取り合い叫びましょう。

小林先生。文面がつまらない事でいっぱいになりました。どうか元気でご活躍して下さい。ソウルにもいらして下さい。同級生の田中信昭先生や東混の皆様に宜しくとお伝え下さい。

二〇〇五年　十月　二十一日　　ソウル　　李　仁　榮

藤井三千男　社長様

先日の御来韓では大変お疲れ様の事と察します。本当に旅をするのも若い時のお話で、疲れがなかなかとれない年になりました。お荷物も沢山だったので心配になりました。

お土産の地方名産「雲丹《うに》」の味はチョット格別で、噛《か》めば噛むほど味の出る美味さでした。アルコールの為に一晩フタを開けてそして頂きました。本当に有難う御座いました。思い出しては漢方薬のように一つか二つ取り出して味見をしています。

私は先生のお話にありました隠岐の島の絶壁、洞窟《どうくつ》、民謡、民話等に夢中になっています。いろいろな夢を描いています。昨日は、東京から友人夫妻が三日間ソウルに来て帰りました。彼は東京芸大出身で藤原オペラのバリトン歌手でしたが、今は坂本博士ミュージックスクールの校長をしています。未来の子供たちの夢に満ちたミュージカルの大家です。彼も私の話に同感し何かを共にしようと、私が東京に出向くのを待つとの事でした。そして先生の海を巡る自由で平和な航海と、交流と親善の構図が書かれている論文集を持って帰りました。段々と楽しくなりそうです。本当に争わず、利用によって理解と歴史的、文化的友好を深めるべきです。

先生の論文集を読みました。建築について難しい事は良く知りませんが、日本の真面目な研究心を読み取る事が出来ました。論文集が足りなくて、七〇部を簡単に印刷致しました。周りの人々と日本語のできる年配の方達に渡すつもりでいます。それから新聞社や慶尚北道の郡守、市長、道知事等の要路に関係記事の部分に赤線を引いて送る予定です。

私は八日に山口県の方にシナリオ作家の友人と問題の土井ヶ浜の人類博物館に行きます。資料や遺跡《いせき》を見る為です。想像力や霊感、そして歴史を通した古代の石器時代、縄文《じょうもん》時代の構図を考える為です。

どうぞ御元気でお過し下さい。奥様や皆さんにも宜しくお伝え下さい。

二〇〇五年　十一月　六日

李　仁　榮　拜

夏田 鐘甲 先生

（禹鐘甲 作曲家、一九四七年 毎日コンクール一位入賞）


お変わりございませんか。電話で元気なお声を聞いて安心しました。

奥様の病態は如何がですか。

段々と秋が深くなってもう直ぐ十二月になります。お二人とも風邪《かぜ》などに、ご用心なさって下さい。

私も足がどんどん悪くなって関節が悪く、しかも右の膝《ひざ》の関節まで痛くて遠くには出かけられないし、公園を三百メートル歩くのが精一杯の有様です。

杖を両手に二本持って歩いています。自分で哀れな気分になって臆病になり、一人旅が怖くて誰かが共をしないと駄目です。

私の全てが「昔の光いまいずこ・・・。」の気分で生きています。いずれ来年にでも東京に行きたいとは思いますが、何しろ気分ばかりで足が悪くガッカリしています。

それに家内は、私の血糖が少し高いといって毎朝、草ばかり食べさせる有様です。昼間は何とか外食したりしますが、しかし夕方になると少食に。なのに、お腹はちっとも奥に入らない。上着のボタンがはめられない。

ご元気でお過し下さい。昔のように跳《は》ねたり騒いたり笑ったり出来ませんかねぇ・・・。　楽しかったですね。

奥様、昌さんにも宜しく。

二〇〇五年　十一月　二十四日　　ソウル　　李　仁　榮　拝

村上絢子　様

（東京芸大卒　メゾソプラノ、同級生）

お変わりありませんか。毎日の生活がどうしてこんなに早く過ぎ去るのでしょうか。何時の間にもう秋も深く冬が迫りつつあります。私はとうとうクラス会に今年は参席出来ませんでした。昨年鎌倉から帰って寝込んだ経験もあり、独り旅も完全に難しくなりました。

家内との旅でも空港までバス、空港内から飛行機、車椅子、同じく下りてから車椅子、タクシー、ホテル等誰かのお世話にならなくてはなりません。昔のことを思えば悲しくなります。身体の重さと云われるけど食べないわけにはいきません。諸君には会いたい、しかしみっともない姿はあまり見せたくない。それに最近は家内が食べ物を制限している有様です。

あまり歩かないで済むとか、片足自動運転で公園までいって、二本の杖ついて二百メートル歩くと座りたくなります。皆さんに会った鎌倉が最後のような気もします。悲しいですね。

私達のクラス会がホテル等で開かれる東京都内だとしても、そこまでゆくのが大変です。諸君には会いたい、しかし独りでは動けません。皆さんに宜しくお伝え下さい。皆さんが昔の様にソウルに来たりする事はもう出来ないでしょうね。

私は、夜中に起きては書きものをしながら時間を送っています。結構いろいろな人から手紙やお電話を受けたりして生活しています。最近は「低声の特性と応用」と言う論文を書きあげました。つまり発声の響《ひび》きの事です。そして随筆を書いたりしています。「黄昏を幸せにする音楽」と言う題目ですが、この頃の私の心境を書きました。耳が聞こえなくなったベートーベンの晩年の曲が与える感動です。昔、音楽学校で何度も合唱をしたあの「第九交響曲」と「荘厳ミサ」に関する事です。バーンシュタイン指揮の「ベルリン自由の歓喜」のビデオ、英国コーリン・デェィヴィス指揮のＬＤで観る「荘厳ミサ曲」の素晴らしい演奏を観ながら、耳が聞こえないのにどうしてこの曲が書けたのか、自分が身体障害者になって始めて、眼や耳が不自由なことがどんな事かを深く考えるのです。感謝と恩恵という言葉の意味を思うのです。学校で学んだこの音楽から、今のこの歳になってこんなに感動を受けるとは、涙が流れるのを書きました。本当に涙もろい歳ですね。

韓国は、この頃非常に不透明で不安定な社会になりつつあります。なぜか私も急いでいます。出版しました私の自伝的随筆筆も、ＣＤ、ＤＶＤ等の整理発表などもしたり、毎日あれこれ自分の身の回りの事や生きて来た信念を書き残しているのです。自分で残り少ない生命を感ずるのです。

村上さん。クラスの諸君・・・。お元気で、健康で、幸せにお過し下さい。

二〇〇五年　十一月　二十七日　　ソウル　　李　仁　榮

李景珉先生　（札幌大学　政治学教授）

新年をお祝い申し上げます。
どうぞ今年も健やかで、幸せで下さる事を祈っています。
いつの間にか一年が過ぎていきました。いつもご無沙汰ばかりしています。
お互いに健康でいましょう。
温かい春が待ち遠しい毎日です。
軽井沢は素晴らしいですね。お招き有難う御座います。
私はろくに歩けなくなった自分に情けなく、悲しくなります。
独り旅も出来ず、誰かがいないとよく転んでしまうのです。
どうぞご健勝でお過し下さい。又お逢いしましょう。
年賀はがき有難う御座いました。奥様に宜しく。
わん公の写真に笑いが止まりません。例の愛犬ですね。

二〇〇六年　元旦　　ソウル　　李　仁　榮

金教重　先生　（下関　教育家）

一月二十八日にありました朴正雄（新井正雄）社長の還暦《かんれき》の祝賀会で紹介されました李仁榮です。お変わりは御座いませんか。来賓の大勢のお客様と共に日本の社会では稀《まれ》に見る盛大な祝賀会だと聞きました。この様に地方の下関市に於いて、在日同胞が大きく成長した断面を見ることが出来ました。私も心から嬉しく存分に楽しんで帰りました。そして韓国人二世である新井さんの交際と交友の広さ、在日同胞の強い結束を見ながら心が熱くなりました。私は新井社長と十年来の知り合いて御蔭で未知の西日本と在日社会を新しくいろいろと学びました。

当日の祝賀会の催しは、日本に受け入れられる面と韓国（朝鮮）に受け入れられる面がそれぞれに混ざっていましたが、それが何と無く在日の現状でもありました。異国に住む他郷を空転しながら生きている心や生活の現れでしょう。私にはあまり見かけ無いカラオケが楽しく可笑しかったのですが、日本の流行歌ばかりでした。韓国の流行歌が一曲も無かったのは不思議でした。下関ですから「釜山港へ帰れ」でもありそうでありながらありませんでした。昔よりも望郷の念が薄くなったのか、下関と釜山の港がフェリーで近くなり、誰でも何時でも行けるからでしょうか。しかし祝賀会は雰囲気と共に嬉しかったですね。全てが満足の行くものでした。

特に、私に深い感銘を与えたのは最後の皆さんの一同で、古い朝鮮民謡に合わせたチャンゴのリズムで踊《おど》る場面でした。私の眼に涙が滲《にじ》みました。強制的に祖国から遠く連れ去られて来た異国、日本にて生まれ育ち、何と無く生きている人々、踏《ふ》みにじられ、ありとあらゆる迫害を受け、差別に憤慨《ふんがい》し、しかも帰るに帰れぬ悲しみ。不甲斐ない祖国の有様に言葉も無い在日の人々。祖国では見る事が出来なくなった皆さんのあの不器用《ぶきよう》な踊り。心の底と魂の奥から自分が何者であるか、何故踊らなくては我慢《がまん》ならないのか、このように発散しなくてはならないそれは何なのか。同じ血の流れを持つ者として言葉では表せないものに心を打たれたのでした。

帰りの飛行機の中でも、家に帰ってもいつまでもあの皆さんの踊りは胸を熱くしました。私が一九五〇年の末に大学に呼ばれて帰国しなかったら、どんな姿になっていたのだろうか。やはり在日として胸に憤《ふん》まんと悲しみを湛《たた》えてあの様に踊ったであろうか。

西日本を旅し、何と無く胸に強く感じて朝鮮と日本に関して使命感のようなものが湧《わ》き私は韓国語で書き日本語でも書きはじめました。私は一九五九年に二十九歳で帰国しました。戦争で焼け野原になった悲惨なソウルに降りて途方に暮れましたが、しかし独りで頑張りました。やはり東京と同じくソウルでも親も兄弟、誰もいない所でよそ者でした。終戦直後の東京のような荒廃でした。焼け残った家の畳《たたみ》六畳の借り間から又始まりました。独り者で、持ち帰ったトランク一つと本、オーディオレコードが全部でした。それから七十七歳の今日に至るまで講師から教授になり、名誉教授、芸術院会員になりました。

その間声楽家として獨唱会、そしてオペラ歌手として世界を走り回りました。全世界に弟子が活躍し、国際コンクールの審査員をしました。いつも忙しい毎日でありましたが、この二十年は足の関節が悪く、ろくに歩けなくなってヨチヨチ歩いてはいますが、心は毎日子供のように世界をぐるぐる回っています。

しかも日本にいた十年間は東京でのみいましたので、一部の人のみ付き合って、活躍は東京の中央舞台でした。日比谷公会堂や上野の東京文化会館で日本人といつも舞台に立ちました。在日同胞を考えたり会う事は余りありませんでした。ソウルの大学を停年になって十二年になります。停年の折りに家内を連れてぶらりとやってきた西日本でした。そして驚きと共に強い感動を覚えたのです。初めて在日同胞の皆さんの姿を見たり考えさせられたりするようになりました。西日本の福岡や下関、宇部、萩、山陰を見ながら、この地方と祖国との深い古代よりの繋《つな》がりをいろいろと思うのでした。あらためて歴史を身に感ずるのです。

私は、健康が許す限り日本の古代関係史と日本に関する本を読むつもりです。先生にお会いできて短かくとも沢山の新しい発見を得ました。有難う御座いました。宜しく御指導の程お願い致します。

ご健勝を祈ります。日本語で書きました。

二〇〇六年　二月　四日　　ソウル　　李　仁　榮

大島正泰　先生　様

（旧東京音楽学校、現芸大、一九三八年卒、ピアニスト）

春も間近で、もう直ぐだと信じたい気持ちです。
待ち遠しい毎日です。しかし又零下《れいか》の冷たさになったり、こちらでは風邪《かぜ》が流行って
います。
先生御元気ですか。奥様にも、もう春がすぐ其処だとお話下さい。

本日は悲報をお知らせする事をお許し下さい。
二〇〇六年二月十七日(金)午前零時五十分朴敏鐘先生が永眠されました。肺炎と白血
球に問題があったようです。
真に悲しまれてなりません。あまりに突然でした。
呼ばれて十三日の午後二時に急いで病室に入りました。元気はありませんでした
が はっきりした意識を持って居られました。力の無い手を差し伸べられました。「病院に
もっと長い期間治療を受けますように」と申し上げましたらうなずいて居られました。
早く入院すべきだったと悔《く》いが残ります。長男はフランス、次男はアメリカ、息女は

スイスでお医者と結婚しています。韓国には家族が誰も住んでいませんでした。奥様は去年亡くなられました。九年間の入院で昏睡《こんすい》の植物人間の有様でしたので、朴先生は本当に永い間ご苦労なさいました。今度は誰も早く先生を入院をさせる人が居なく、風邪ぐらいと思ったのかも知れません。私が駆けつけるのが後れた感がありました。先生は早く起き上がれるものと最後まで希望していました。私が義理の弟だと言う人に強く言い張りましたが、発病して十日もたって入院した事が悔やまれ残念でなりません。

朴敏鐘先生は、真に立派な先生でした。音楽家として誰よりも幸せで、華やかな人生でした。厳しい芸術の世界もご立派でした。お人柄も温和で、本当に尊敬されていました。後輩の私にとっては実の兄のようにいろいろと力になって下さいました。毎月一度か二度はお会いしてお昼を共にしながら楽しい時間を持ちました。先に亡くなられた奥様の隣に安置されると思います。

大島先生。
お気を落としにならないで下さい。何時までも御健勝でいらして下さい。
お知らせまで。朴敏鐘先生のご冥福《めいふく》を祈ります。

朴先生が、いつもお話なさっていましたクラスの先生様方にもお伝え下さい。先生はお気持ちでは東京のクラス会に参席して居られた事でしょう。

もっと後でお知らせするのが良かったのかも知りませんが、勇気を持ってお知らせ致しました。

二〇〇六年　二月　十八日　　ソウル　李　仁　榮　拝

＊ 同封の写真は去年二〇〇五年十一月六日に、ピアニスト尹琦善先生のチャイコフスキーピアノコンチェルト(十月二十二日)演奏の為に来韓されましたので昼食を共にした時の写真です。

＊ ピアニスト尹先生は大島先生より東京音楽学校二年下だと思います。アメリカのロサンゼルスに住まいです。往年よりはやや遅めでしたが全曲をしっかり演奏なさいました。八十六歳の演奏ですが素晴らしいものがありました。

＊ 十二月十五日芸術院の総会の日のお昼も共に致しました。元気な先生との私達の最後のお昼でした。

尹應壽　先生

（日本自由アジア文化社　代表）

三月も中旬ですがソウルは朝夕寒寒としています。この頃は、中国から風に乗って黄砂が空を覆《おお》っています。年寄りはあまり外出しないようにしていますが、弟子が訪ねて来たり友人と約束をすると、出かけてお昼をします。コムタン、ドジョウ汁、冷麺、参鶏タンあたりで腹をこしらえ公園を歩くのですが、私は二百メートルがやっとです。一巡り三十分の公園を私はベンチに座っています。

先生はいかがお過ごしですか。竹島のパンフレット有難う御座いました。わざわざ送って頂きましたが、特に新しい事はありません。他人の言い分は一切述べず、自分の言い分だけを書いてあります。他国を武力で押し付けて占領し、終戦で引き払うのなら綺麗サッパリとしないで何かしこりを残しておくやり方です。それから距離がどの地図にも明確に乗っていません。九十キロと一五七キロです。鬱陵島がウンと近いのです。

送りましたテープは蔚山の鯨《くじら》とりの話ですが、非常に興味深いのは山口県の沖合いも鯨が多いのです。つまり、昔から蔚山と山口県との間の海は、鯨がすごく多かったと言うことです。山口県や島根県の向かいの朝鮮からの海流に乗って移住者や漂流者が島国の日本に新しい技術を持って来たと考えられる事です。日本神話の神々の舞台が出雲と深い関係があったと思われます。三千年前の鯨とりの岸壁陰刻画を見ますと、朝鮮の東海岸と日本の山陰地方は、案外同じ言葉で話し合った同じ種族の人間達が、同じ方法で鯨を獲っていたとも考えられます。日本にもこのようなものが残されて仙崎の海岸か何処かにあるのかも知れません。

面白いのは、海流が朝鮮から日本に流れるのであって、日本から朝鮮に流るのは台風の時だけと云うことです。三千年前の鯨取りの岩壁陰刻画は意味するのが実に大きいと思われます。だから先史時代から湾の奥の浅瀬《あさせ》にやって来た大きな魚を人間は、ずーっとこの様な方法で獲っていたと思われることです。特に、岸壁には鯨の種類を十五ぐらい、その特徴を明確に画に残してありますから面白いと思いませんか。

三千年も前に残した朝鮮の先祖たちの智慧《ちえ》に頭が下がります。特に朝鮮海峡の海を見ながら育った私には日本の神話が、すごく身近に思えるのです。そしてどれだけの人々がどんなことで、日本に移って行ったかを想像するのも楽しくありませんか。だから新しい国創りの意欲が始まる千四百年前までの日本は未だ日本で無かったと言う話が面白いのです。つまり新羅、伽倻《かや》、百済、高句麗の文化がそれぞれ日本の地で盛衰しながら残されているのも興味深い事です。

先生 御元気でお過ごし下さい。

二〇〇六年　三月　十六日　ソウル　李 仁 榮

坂本博士　学兄

（東京芸大声楽科卒、バリトン、坂本ミュージカルスクール 校長）

お便り有難う御座いました。いつもご無沙汰しています。
御元気でいらっしゃる貴兄のサッソウとした姿が眼に見える様です。奥様も益々美しくなって…。

哀れな事に私は、段々足が悪くなるばかりで意気消沈の有様です。足の手術の為の検査を受けましたが、あまり芳しくありません。外への出歩きさが不能で、当分何もかも駄目で鬱陶《うっとう》しい毎日です。

せっかくの例の美しい夢のオペラや、ミュージカルの計画も、当分推進不可能な有様です。韓国では国民感情まで独島(竹島)と靖国神社で悪化しているのです。個人個人の人間的交友はそんな事はありませんが、しかし目に見えない大きな流れが親善とはかけ離れて行くのです。

今回の計画で、韓国政府の芸術振興資金と韓日親善交流資金を大きくあてにしていましたが私の案は駄目でした。韓日問題が芳しくないから芸術にまで響くのかも知れません。いずれ近いうちに再度掛け合うつもりです。

結局貴兄と吉永さんに期待はずれな事になりましたが、私の健康と共に申し訳の無い事になりました。貴兄からも吉永さんに宜しくお伝え下さい。

私は昨年の秋の学年クラス会、そして五月の声楽科のクラス会にも出られませんでした。それに当分は東京に行けそうもありません。独り旅も出来ないし、完全に他人のお世話になるのですから車椅子も問題です。新しく移ったアパートでは車椅子で動いている始末です。

昔、私達が飛んだり跳《は》ねたりしてオペラを歌っていた事は、自分でも信じる事が出来ません。遠い遠い夢だったみたいです。

坂本兄、どうぞ御元気で頑張って下さい。

二〇〇六年　四月　十四日　　ソウル　　　李　仁　榮

多賀須　節　藤枝順心学園長　様

先生、うだるような暑さです。お元気でいらっしゃいますか。

先日は、なんだか懐かしくてお手手つないで先生と楽しい時間を持てました事を、有難く心の思い出と致します。

御来韓の由も聞かされず、独りでしゃべってばかりいました。なんだか、姉に逢ったような気がして素敵だなあーと、甘えたのかも知れません。

ハッハッハ・・・。

先生、私のＣＤをお聞きになりましたか、生来出たら目な男です。下手ですがもうそれも終えました。

「自画像との対話」は如何がでしたか。静かに歩いで行きましょう。

何時までも何時までも歩いで行きましょう。

先生。残っていますよ・・「夢」。

八八 米寿。九十 卒寿。九十九 白寿。百八 茶寿。百十一 皇寿。

百二十 譲寿。

先生、頑張って若く生きましょう。何も肉体だけが人間では無いのです。

頭も、気持ちも、身体も、心も、若く…。

二〇〇六年　八月　八日　ソウル　李 仁 榮 拝

我らに平和を与え給え

ソウルモテット合唱団を率いて成田空港からホテルのある新宿に着いた。

早足で通り過ぎる人々を見ているうちに五十年前、この町で過ごしたなつかしい記憶がよみがえってきた。あのころの新宿は僕みたいなボンヤリとした人間や、少しはみ出した若者が、あちこちの音樂喫茶で飽《あ》きることなく音樂を聴いたものだった。

驛の周りは迷ってしまいそうなので、タクシーに乘って新宿のすっかり變わってしまった街の高層ビルを廻っているうちに留學當時のことが次から次へと思い出された。

翌日はホールのリハーサル。この音樂會場は素晴らしい。まるで何處かの聖堂の中にいるようだ。一度は中に入って上を見上げて見たいと思ったピラミッドの内部を連想して感心しながら、中央にあるパイプオルガンと共に、このタケミツメモリアルホールはちょっと世界に無い素敵なホールだと思った。

しかしこれだけ木材をふんだんに使った音響はどんなだろうかと思ったり、三階までしかないホールだが、狭くなっている頂上あたりに陣取って音樂を聴いたらどうだろうと思ったりした。

いつも思うのだが、音樂の演奏はすべて呼吸、それである。指先だの音程、發音、音樂性云々はそれ以前の事である。声がないのに歌を専攻しても始まらないのである。(しかし實はそんなのに囲《かこ》まれて過ごした人生で腹立たしいけれど)特に呼吸に乗せられた聲が身体いっぱいに響いている歌には魂が宿り、その中に引きずられて、その歌の世界で一緒にいる幸せに震《ふる》えるものである。

合唱はその声のその響きの和である。身体と身体から發する響きが全ての人を大きく包む喜びの和である。だから人類始まって以来いつも儀式の中心であった。

この度のアジアコーラルデイズはそのような意味で日本が主催した最も適切なアジアに平和を呼びかける祈願の表れと云える。音樂を超越した和の場であり、舞台も聴衆も平和を祈る場であった。

東京混声合唱団、シンガポールフィルハーモニック室内合唱團、ソウルモテット合唱団のそれぞれの民謠など本當に樂しい。競演の音樂でなく理解の音樂の場であった。

日本の柴田南雄の追分節考《おいわけぶしこう》には樂しさが溢れていた。信濃《しなの》地方の山野を馬を引き枯れすすきを追い分けながら唄って通る風景が眼に浮かぶ。女声の邦樂の古樂器、笙《しょう》の音色のような枯れすすきに風が通り拔ける音のような不協和音が面白く馬子達の精一杯の獨唱がそれぞれ變わっていてすこし笑ったけれど樂しかった。

四十数年ぶりの学友、田中信昭氏との再會はお互いの変わりように驚いた。お腹の出っ張った老人に、綺麗に禿げ上がってきた老人が抱き合って居るのは格好は良くないけれど懐かしかった。

団扇《うちわ》で陣頭指揮をとっている田中氏の創案らしい追分の舞台効果は拔群《ばつぐん》である。合唱音樂の新しい創案者でもある。

アジア合唱祭．日本（東混）．韓国（モテット合唱団）．シンガポール（フィルハーモニー合唱団）2001．三国合同合唱．指揮 田中信昭

演奏を見ながら、昔、藤原義江先生の「君ねえ、オペラってねえ、眼で聞き、耳で見るもんだよ…」の名言が思い出された。

シンガポールは周辺の国から集まっていて獨自の民謡は無い、しかしいろいろな國の唄が混じった曲はリズムがあって面白かった。

韓国のソウルモテット合唱団は全員がキリスト教信者の若者の集まりでしかも音樂大学聲樂科出身者ばかりである。中には留学体驗者もいる。指揮者は見るからに神學生のように眞面目で行儀が良い。しかしこの団体は韓国唯一の民間団体でプロを自任しているので団を率いている彼の肩の荷は重い。非常に活動的に動いている。昔の發足當時の東混を思わせる。宗教的なバロックから現代音樂まで幅廣いレパトリーを持って頑張っている。民謡のなかでは「鳥よ鳥よ青い鳥よ」のように透《す》き通るような單純な悲しい美しさを持つ曲が良かった。「農夫の歌」「お母さんお姉さん川辺に住もうよ」等が印象に殘った。日本の柴田南雄、湯淺讓二、池辺晋一郎のような合唱曲を書く作曲家が欲しいとつぶやいた合唱団員がいた。

確かに現代音樂に浸《ひた》って獨りよがりな曲を書くのも良いけど、このような合唱曲を書き殘す事の重要さをこの合唱祭で痛感した次第である。そしてなにものにもまして貴重なアジアコーラルデイズの喜びと合唱ならではの意義深い舞台は三国合唱団全員一〇〇余名による各國の民謡を一緒に歌った立派さにあった。日本のサクラ、韓国のアリラン、マレー民謡ある島のメドレー等は一緒に歌っている人々全員が實に幸せに輝いて手を取り合って客席に向かっての挨拶はこの催しの価値を更に高めるものであった。お互いに競い合う場で無く、アジアに向かって世界に向かって平和の爲に手を高く振っていたのであった。

世界は今、あらゆるテロと戰爭に脅《おびや》かされ悲慘さは驚きと悲しみにいとまが無い。暴力に血塗られたこの地球に贈るタケミツメモリアルホールからの三國の大合唱によるメッセージは最後の曲であるパイプオルガンと一緒に歌う「我らに平和をお與え下さい」であった。ペーテリス・ヴァスクス一九九七年の作品である。わざとひねくりまわして書いてなく素直で易しいが素晴らしい効果を持っている。Donna Nobis Pacemの言葉を繰り返し歌っている、合唱団の祈願のようなつぶやきと割れかえるような大きな叫び、叫び。「我らに平和をお與え下さいアーメン、アーメン。」と。

オルガンは怒濤《どとう》のように天井がくずれ落ちるような大きな音響や安らかな祈りを捧げているのだった。悲しみを持つ者、怒りを持つ者、皆、ひざまづいて聞き入るべきだった。この夜、頬《ほほ》をぬらし涙したのはわたくし一人であったろうか。やがて「主よ我らに平和を下さい」の大団欒《たいだんらん》の合唱が終わった。私は演奏の間いつまでも平和を祈った。全て會場の中は靜まりかえった。又、演奏は續いているような靜寂の熱氣が溢れている。指揮者松原千振氏の手も靜かに止んだ。若い潑剌《はつらつ》たる三国の合唱團員はお互いに手を取り合って喜びあい抱擁《ほうよう》している。昨日まで見知らぬアジアの人々が合唱の音樂の力でこの様に親和の輪が波紋《はもん》を廣げつつあるのだ。この夜は私にとって平和への祈願の肅然《しゅくぜん》とした心の幸せな夜であった。

自画像《じがぞう》との対話

儚《はかな》い、儚い人生だとは言いながら、それでも随分長生きしたもんだ。
そろそろ、そう遠くはあるまいな。なんだいその顔は、不満そうな。
しかし、お前もなんとつまらない顔になったもんだなぁ。
そうだよ、それが今のお前の顔さ。またなにか言いたいのかい。
そうだよ、それが人間さ。つまらない未練《みれん》がましい欲望を捨てる事だなぁ。

若い頃は、君も僕も貴方も私も、みんなみんな明るく輝いていたね。
希望に溢れ、目標に向かって一歩一歩登っては、
限りない喜びに歓声を上げながら、夢は遠く遥かに広がっていた。

確かにこの二つの腕の中に、胸の中に抱きしめた理想や幸せ、楽園、歓喜。
永く永く何時までも、墓場に行くまでもこのままであって欲しかった。

愛する人々、満ち足りた感謝に溢れる生の営み。
全てこの私の中に持っていた、勝ち取っていた。

しかし、いつの間にか少しずつ抜け去ってゆく。
腕も力無く、胸も冷め、眼も暗く、足も頼りない、頭も覚えない…。
また一日が来るのだ、また来るのだ。

あがいても、あがいても登れなかった少年の頃の夢の中。

年をとったのだ。長く生きて来ただけなんだ。
誰でもやっている事、人生の当たり前の事だもんな。
ちっとも可笑しく無い事や、当たり前な事を前にして
何をぼやいているのよ、と云われる年になったのだ。
皆は、「あの人、まだ生きているの」と思っているのかも知れない。
悲しくともしょうが無い、寂しくとも致し方ない。
生きているのは皆、そんなもんだ。

どこからか香水の匂いが。
違うよ、あれは糞《くそ》の臭いだ。小便の臭いだ。
老人の臭いだ。そうだ、そうだ。
それが死人のさび付いた臭いというもんだ。
ハッハッハ…。
あまりこの世に未練を持たないことだよ。

さぁさぁ君、君。立つんだよ。さぁ、立ち上って。
背中を伸ばして、元気を出して歩きましょう。
ねぇ君、歩くんだよ。
何処も見ない、誰も見ない、誰も待たない、何にもいらない。
それで良い。

あの丘の上の雲まで、ゆっくりゆっくり歩いて行くんだよ。
おや、隣に誰かいるのかい。
誰でも良いさ。

夫でも良い、妻でも良い、家族でも良い、愛人でも良い、友でも良いさ。
顔見知りでも良い。
とにかくそこには、一人で行くんだから…。
この世は、つかの間一緒に歩いているだけなんだ。

だから、それぞれ自分の、また歩けるのを喜ぶことだ。
病院の寝台に乗ってでも行く、這《は》ってでも行かなくてはならない。
死は近くにある。限りなく繰り返した毎晩の眠りは、その練習だったのさ。

それを熟知した人だけ、しばらくの人生だ。
歌ってもよし、食べてもよし。
また眠るのかい、愛もいいだろうよ。

雨の日には、アルバムを見ながら楽しかった想い出に浸《ひた》り、
夕日の美しい日は、公園のベンチで夕映えを眺め、
落ち葉の日には、昔の愛人か誰かを想い出していたね。

さぁさぁ皆さん、そこまで。
時間です、時間ですよ。
そこの皆さん、立ち上がって下さい。
流れ、忘れ去られた貴方たちです。後ろを振り向かないで。

笑って、大きく笑って、すべてを笑い捨てて…。
深く深く、息を吸いこんで、伸《の》ばせるだけ背中を伸ばして…。
力の無い腕も伸ばして…。
あの丘の上の雲まで、ゆっくりゆっくり歩きましょう。

果てしなく歩み抜いた人生でした。誰もかも疲れはてました。
そうです。長く、長い暗闇のトンネルのような人生でしたね。
しかし、見て下さい。遠くあの雲の上に広がる紺碧《こんぺき》の青空をです。
そこに、救いの天路が、貴方のために残されてあるのです。

不安と苦痛に耐え、絶望と死に脅《おびや》かされていた。

すべてから解き放され、安らぎを得るのです。
永遠の安らぎ、永遠の幸せが、そこに待っているのです。
その恩寵《おんちょう》を信じて、今日も明日も、また次の日も…。
老骸《ろうがい》のような肉体でも、いたわり引きずって。
そして、そして、また歩いて行くのです。

土井ヶ浜の幻想

人口二十五万人の下關《しものせき》には、韓國系、朝鮮系の人々が七千人程住んでいる。植民地時代を知る私達は、下關と云う港町の名は永遠に忘れることの出来ない深い意味がある。釜山から日本に渡る唯一の重要な海路である。航空路の無かった當時には、この海路を通じて日本は朝鮮半島と中國、ロシアに通ずるアジア進出侵略戰爭のあらゆる面に關して重要性をおびていた。植民地政策、戰爭、物資、軍隊、徴用等、港町下關は植民地支配の終了とともに、私達の頭の中から忘れ去られていた。下關には、日清戰爭の講和が結ぼれた、即ち日本がアジアに君臨する重要な講和條約が結ぼれた春帆樓《しゅんぱんろう》の庭に伊藤博文の像が立っていた。朝鮮の末期の國連にも深い關係がありそうに思えるのだが、内部修理の爲に資料を見ることが出来ず殘念であった。

しかし、この春帆樓《しゅんぱんろう》のすぐ隣に、私の恩人である日本オペラの先驅者である藤原義江先生の記念館が丘の上にあると聞いて驚いた。一九五六年より一九七一年まで、私は藤原歌劇團に所屬してオペラのバス歌手として東京を中心に活躍していた。日比谷公會堂や東京文化會館等に立たせて頂いたり、六五年からは、ソウルから年に二・三回は呼ばれ、歌っては帰るといった全く忙《いそが》しい若い日々の想い出が先生と共に有り、私の生涯に於いて、藤原先生との關係は非常に貴重である。

今年が先生の生誕一〇〇年とのこと、一〇〇年前に藤原先生の父である英國人商社マンが住んで居たという洋風の古びた家が記念館となっていた。先生の没後、市がこの家を買って記念館にしたそうだが、訪れる人はあまり多く無さそうに見えた。中には、六十年、七十年も前の古い資料があって、色あせていた。先生の寫眞やSPレコードが懐かしく感無量であった。私の頭の中を、胸の中を五十年近い歳月が風のように走り抜けて行くのを覺え、晩年に帝國ホテルの小さな部屋で、お話も出来ずに私に目で合圖していた先生、口からポロポロご飯をこぼしながら、三上孝子女史のお世話で食事をとっていた先生の姿を見て、本當に悲しかった。新人オーディションでお逢いして以来、私は先生とドン・ジョヴァンニ、ラ・ボエーム、トスカを一緒に歌った。勞音等の長期公演等、少なくとも二〇回以上にはなるであろう。五十代や六十代の時の先生は、男でも見惚れるほどの容姿で、いつも若い僕等を笑わせては勇氣づけてくれたものだった。

舞台裏での先生の茶目っ氣な、とっておきの失敗談等を想い出すのだが、今はそれを一緒に笑いながら話す相手さえ居なくなってしまった。長い歳月が流れて行ったのだ。一緒に舞台で歌ったいろいろな人が頭の中をかけめぐってゆく。この記念館は先生の父の家だったが、先生は一日、一晩たりとも泊った事がない。結局先生は英國人である父から息子として認められず、流れ芸者の子だと、父母の愛情を生涯知らず、孤兒として悲しい人生を送ったのである。正月に子息の藤原義昭氏より、先生の文化記念切手を十枚ほど送って頂いたばかりである。子息の義昭さんは、藤原アキさんとの間に殘された唯一の血筋である。想い出が盡きない下關港は美しかった。サンフランシスコのように青い海は輝いていた。

流れの速い海を見ていると、鐵橋の下を悲しい歌が流れて聞えるようだ。平家滅亡の壇《だん》の浦なのだ。源氏《げんじ》の軍勢に追いつめられ、平家《へいけ》三百数十年に及ぶ榮華がここで終わるのであるが、考えて見れば、太古時代より日本と朝鮮半島は深い關係にあると聞くけど、下關のこの海を見ていると實感がわいてくる。日本の古代歴史は、日本を舞台にして、朝鮮半島から漂流或いは渡来した新羅、伽倻《かや》、百濟、高句麗との戰場だった氣がしてならない。

西暦八一四年に源氏、八九〇年に平家の姓を天皇より受けたとあるが、平家滅亡の一一二一七までお互いに争い續けていた。これほど深い闘いの底に流れるのは、一体何んであろうか。源氏の義経が、一一八九年に殺されるまでに、自分を新羅源九郎義經としたのは、平氏つまり平家が、新羅に過去朝鮮半島で滅亡された怨念をもつ百濟系だと言うこととは關係がなくはないだろうか。古代日本の平家、源、北條、足利、織田、明智、豊臣、徳川と言うのは、平、北條、織田、豊臣は百濟で、源、足利、明智は新羅或いは伽《か》倻《や》系の流れと思えば、實に自分勝手な考えだが面白い。お互いに争った戰國時代にこのような裏があったなどと思えば、朝鮮から渡来して、日本を舞台に宿敵との限りない戰いがあったと推測できる。

織田信長は自分は平家の流れを持つと言ったと云う。だとすれば、豊臣に至るまでの日本の長い歴史は、なんと恐るべきものであったことであろうか、伽《か》倻《や》、新羅の慶尚道系と百濟の全羅、忠清道系との争いが、朝鮮では百濟の滅亡に終わり、日本に渡来しては、伽《か》倻《や》、新羅、それに加わって高句麗系の滅亡に連なると考えると、現在の韓國内における慶尚道と全羅道との間の問題も實に面白く、あきれる程の根の深いものを感ずる。

結局、日本では、百済が日本の主權を握《にぎ》り、子供の頃に習ったエゾ(蝦夷)、クマソ(熊襲)と云った未開人のことは、百済から見て日本の中央奈良政権に反感を持つ、九州、東北の勢力を指しているのだろうか。確かに輕蔑《けいべつ》の意味があったように思う。依然として征服されず、奥山に潜《ひそ》んで勢力を持っていた渡来人集團、或いは相當な戰闘集團であったと思われる。平泉《ひらいずみ》に逃げた義経と一緒に最後まで闘った東北の實力者は何者であったのだろうか。海を眺めながら、瀬戸内海と關西地方、伊勢地方等が、日本文化の發達とともに、ドラマの中央舞台だと云うのがわかるような氣がする。下關港から三十分程の隣に宇部《うべ》があり、人口は一七万人である。福岡空港までわざわざ迎えに来て頂いた韓國人牧師崔永信さんのお世話になって、一緒に下關と門司《もじ》を結ぶ海底トンネルを抜けて、九州から本州の下關へ、それからは陸路で宇部に走った。福岡から門司、下關から宇部まで来る途中の道路の清潔で良く整備されているのには感心した。

宇部は工業地帯で、戰前には朝鮮の青年が強制徴用で連れて来られた者が多かったが、今では三千人位が殘っていると云う。韓國釜山に近いせいか、下關に次いで比較的多い方だと云う。しかし、韓國人教會に出席する人は少なく、日本人女性を含《ふく》めて二十五人程だと聞く。小さいながらもモダンで現代的感覺の美しいこの教會は鐵鋼とニューム、それに三面が總ガラス張りで、どこからでも雑木林《ぞうきばやし》が見える静かな憩《いこ》いの自然に恵まれた、夢に見る王女の城のようだが、現實には去年完工した教會の新築の爲に苦しい財政の中にいる聞いた。

宇部から山路を走り四十分程で湯本温泉に着いた。韓國系實業家の朴正雄社長にお世話になり、早朝には五分とかからぬ大寧寺へ散歩した。これは神社ではなくお寺になっている。渡来人として知られている大内氏一族の菩提寺《ぼだいじ》として知られている。ホテルの觀先パンフレットによると、ここにも悲しい物語が短く記されている。大寧寺は一四一〇年に創建され、大内義隆が一五五一年に自決した場所だと云う。そしてその後、毛利氏のお寺になったと書いてあった。大内家は三十一代も続いた家系であるから、二十年ずつ続いたと計算しても、六百年と云うことになる。つまり西暦九百年頃には、もう既に興っていた家系と云うことになる。

或いは、もっと古い時代からの家系だろうか。日本の中國地方最大の勢力を持ち「西の京」と呼ばれる程の權力があり、奈良、京都、と同様に榮華を誇ったとあるからにはこの山口地方一帯、或いは廣島、岡山地方の近くまで治めていた身分、或いは王家に匹敵《ひってき》する、それに最も近い關係の人なのかも知れない。これが六百年も続いて、末期になって毛利元就が廣島に城を築くことになり、きっと毛利は從順と敵意の無いことを示す爲に長男を人質として送り、大内氏を安心させている。そして、大内氏は特に人質の長男を非常に可愛がったと云う。人柄が良かったように思われる。

しかし、大内氏は自分の重臣より反逆にあい、不意打ちにあったのであろう、追いつめられてこの大寧寺に逃げ、父子、家臣一族、皆自刃《じじん》したとなっている。そして、毛利氏は反亂した重臣を討《う》って、更に出雲の尼子氏をも討って、日本の中國地方、つまり本州の西部を完全に手に入れたことになるのである。制覇した毛利氏は、その後戰國時代きっての強者の一人なのであるが、お寺の説明書を讀むうちに納得出来ないものがあった。大内氏は計略に落ちた氣がするのである。重臣が主人に反亂を起こす程の力があっただろうか。たとえ反亂を起こして成功したとしても、周辺の強者たちが默って見逃すだろうか。結局は、この反亂を起こす重臣は強者の後押しと約束や甘言で立ち上がらされたか、或いは一緒に攻め込んでいたかも知れない。

賢い毛利氏が息子を人質として差し出し安心させた上で、重臣を反亂させ自身も攻め込り、いよいよ反亂に成功したその重臣を討つ、つまり大内一族の仇を討ったと云う大義名分のもとに、全てを乗っ取るといった筋立てはあまりに出来過ぎている感じがした。しかし、何故出雲の尼子氏をついでに討たな付ればならないのか、大内氏と尼子氏とはどんな關係だったのか、何やらそれには深い譯がある氣がしてならない。もし出雲の尼子氏と大内氏が渡来して来たのなら、いつ頃朝鮮のどこから来たのだろうか。中央政權の奈良や京都の王家、若しくは當時の實權を握っていた足利、織田、豊臣に至る百濟系幕府と毛利氏との關係等、あまり専門的で知る由も無いが、複雑な戰国時代の利害が有ったろうと推測するのである。

出雲の尼子氏はどこから来た人達であろうか、新羅の慶尚道の東海岸から海流により漂流して山陰に上陸した人達であろうか。尼とは坐女《みこ》を指すのだろうか、紀元前後頃の古い人達なのだろうか、弥生《やよい》時代以前からの部族を中心に發達して来た支配階級の人達なのだろうか。

この山口縣に来て、自分野手な推測ばかりが頭のなかを往き来するのだけれど、しかし、あまりにも朝鮮に近く、なんとなく、すごく身近なものに思える所以《ゆえん》である。伽倻《かや》、百濟、新羅、高句麗といった朝鮮の永い歴史が何んとなく日本において、千年も二千年もという時間や空間がそのまま殘っていそうな錯覺に陥《おち》るのである。本當に不思議だ。一度もこういった身近な幻想におちたことはなかったのに、この山口縣に来て、なぜこんな事を考えるのかと、複雑な氣分になる。

三世紀頃から渡来人がボツボツ組織的に来はじめたと推定すると、三國を統一した新羅が来たはずがない。新羅と百濟がお互いに勢力を伸ばし、その爭いで、その間に挾《はさ》まれた洛東江流域に長く沿って發達をした幾つもの連帶部族國家の形態をなしていた伽倻《かや》にとって逃げる路は、南にそして河口に、海に向かう以外に方法がなかっただろうと思う。海を渡って、北九州か山口縣あたりではなかっただろうか。伽倻《かや》は加羅、安羅などと、いくつもの名稱があったと云うから、渡来の船の大きさや性能からして、一度に多勢を運ぶことも出来ず、潮流を利用したとしても、二週間以上はかかったかも知れない。

老人や子供、病氣の人等が、小さい舟に食料や水を充分に積込み、寒さや暑さに耐えて未知の土地への不安に怯《おび》えながら無事に着いた時の喜び、砂浜や岩の上で、どんな格好で喜んだだろうか。一族が結束して強く生きていったのだろう。お寺の庭石に座って、わびしいお寺を見ながら、東北の平泉の中尊寺《ちゅうそんじ》を想い出した。昔、子供の頃、日本の教科書に法隆寺と中尊寺のことが書かれてあって、東北のような山奥に中尊寺のようなお寺が金色に輝くのは、たいへん不思議だと書いてあったように思う。秋雨の侘《わび》しさだけでなく、大寧寺の如く、歴史の裏に秘められた悲しみを漠然と感じた。

萩《はぎ》は美しい古風な町である。昔いつか来たことのあるような古都である。考えてみると映画の中でよく見る古めかしい調和がある。大昔は、この地を流れる河川には萩が一面に美しく咲き、萩の花で覆われた野原は果てしもなく続いていたのかも知れない。ところで私には萩とススキの違いが分からない。とにかく、この周辺は美しい。洛東江の下流の砂浜や渡り鳥の多い乙叔島《おるすくと》を何んとなく想像してみた。松陰《しょういん》神社を見たり、入口にある明治維新の主役たちの人形を見たりすると、長州勢の底力のある不敵な顔が非常に身近に感じられた。

萩市には縣立の博物館が多く、その立派さに驚いた。韓国の慶尚南道及び中国の山東

韓日古代史探訪、山口県萩市、二〇〇五年

省と、主に交流をしていると聞く。いろいろな角度から、古代日本史を照明しているのはたいへん興味深い。古代朝鮮と中国の山東省とは關係が深かった。そして、山東省は漢族とは思えない。高句麗系等の人達が海岸に沿って朝鮮や山東地方に南下し海で結ばれて行き来したと思われる。モンゴル斑点が同じくある。古代朝鮮も日本も、中国との交流に朝鮮の西海岸から眞直ぐ山東省に行くのが早い。日本も朝鮮の南海岸から西海岸を北に向い、山東省の鼻のすぐ前になる忠清道の海岸か仁川あたりが最短距離となろう。

最近、KBSがドキュメンタリーとして放映した番組を見て、非常に衝撃《しょうげき》を受けた。内容は、慶尚道の東海岸の蔚山(ウルサン)地方にある岩壁に重要な古代画が陰刻《いんこく》に彫ってあるというもので、それは何んと三千年前のものだそうだ。即ち、鯨《くじら》捕りの技術と當時の生活、そして鯨の生態を伝えていると云う。この点線の画像をコンピューターで再現して驚いたのは、實に精密に當時の技術を子供たちに教育すべく彫られていると云うのだ。鯨捕りのこのドキュメンタリーに、非常に興味を持ったのは、私だけではあるまい。古代朝鮮の海による生活が手にとるように説明されていて、大変面白かった。

この陰刻《いんこく》が出来たのは、三千年前だと云うのだから、もっと前から、同じ方法による鯨《くじら》捕りが、継承されて来ていたのだろう。三千年もずっと前からかも知れないが、つまり巨大な鯨を海から追いつめ奥の方まで誘い込み、一番淺いところで、勇敢な男達が先端が鋭く尖《と》がった木の棒で深く突き刺して殺す方法なのだ。共同で闘うこの男達は約八人位で、丸木舟のような舟の先の方には女が座っていて、坐女の如くお祈りをしながら妖術を唱えていたのだろうか。

一緒に共同作業をしているのには驚かされた。この方法を子供たちの教育用に、又實に精密に鯨の分類までしているのだからあの三千年前の先祖たちに、言葉も出ぬほど感激した。このようにして、荒波の海から鯨を追いかけ、木ヤリ(木槍)の如きもので、何人もの男が、鯨に飛び乗って決死の鬪爭の末に勝ち取るのである。万一、沖で突風や何かで流された時、潮流の關係で男たちは日本の山陰の、この山口縣か島根縣に着いた可能性も考えられる。

晝食をとりに萩《はぎ》の近くの仙崎《せんざき》という小さな漁村に行った。大きな湾で奥深く海の上に浮かんでいる食堂で新鮮な刺身《さしみ》を味わった。海に大きく長い網《あみ》で區切って養魚場をつくり、すばらしい養殖をしている。考えもしなかった事だが、説明によると、ここが日本の捕鯨の本據地だとのことである。驚く事ばかりである。なんと海流は蔚山《うるさん》と仙崎とを結んで、その波間を鯨が周遊していたにちがいない。不思議な氣がしてならない。そう考えると、仙崎は韓國に一番近いところではないか。蔚山、甘捕、九龍浦、浦項、月浦里等の東海岸から自然な交流が、潮流によってもたらされていたのだろう。この仙崎にも、二、三千年前の鯨捕り等の絵や陰刻が岩壁に彫られであるのだろうか。

鯨捕りをした古代の人たちはどこから来た人達だろうか。古代に日本に来た人達は、舟の先の方に坐女《みこ》を乗せていたのだろうか。漂流して来た渡来の男たちの中に一人しかいないこの女は、未知の土地において男たちとの共同生活の中心となり、男たち全員の結束の中心になったのだろうか。皆は、彼女のお祈りのおかげで生き延びたのだから、全員が女王の如く崇め、命令に従ったのだろうか。仙崎の海上で晝食をとりながら、美しい風景に見惚れ、人里離れたこの海岸であたかも韓国のどこかの海岸を歩いているような親しみを覚えた。

お世話になった自動車のおかげで、萩と下關の中間にある海水浴場のなかでも特に有名な土井ヶ浜に行った。土井ヶ浜に行ったのは、日本の二千年前の彌生《やよい》時代の遺跡を見るためである。この遺跡は日本人のルーツを語っている日本最古の物で、現在もなお發掘中である。博物館の中には、三〇〇体もの人骨が収められていた。人類学的に石器時代から現代に至るまでの頭蓋骨《ずがいこつ》と顔骨を比較して日本人のルーツを研究している。面白いのは、ここの頭蓋骨、つまり發掘した彌生時代の頭蓋骨が、中国の山東地方から發掘された頭蓋骨と一致すると説明している点だ。映像で再構成した顔形は、洗練された知的な現代日本人の顔ではなく、まぎれもなく顔の原型からしてモンゴル、インディオ、滿州、朝鮮、そして日本の一部のそれである。つまり、中国の漢族の顔ではない。

三千年前に万里の長城が築かれ、周辺の族が南下出来ず、東へと進み、滿州から南下したと思われている頬骨《ほほぼね》が大きく突き出ている顔は、朝鮮ではありふれた顔なのである。私は、何んとなく手で顔を撫《な》でて見た。だから、山東半島の顔は、いわゆる、お尻に青アザのあるモンゴルの血をひいているのだ。朝鮮の西海岸には山東半島からの移住者が多かった。私の母の系譜がそうである。山東から来た蔣介石の蔣の姓であり、忠清道西海岸の牙山《あさん》が本貫なのだ。ここで發掘された副葬品の中には、貝で作った腕輪、曲玉、土器等があった。高さ三〇㎝程の土器は、朝鮮の古代伽倻《かや》、つまり現在の金海で發掘された土器と寫眞で見るかぎり同一のもので、比較するまでもない、と説明している。

土井ヶ浜で最も興味深いのは、三〇〇余体の人骨の顔が全て眞直ぐ海に向かっている。つまり、西の方を向いて、整然と埋葬されていることである。これは、西の方角に、白い砂浜と、青い空、輝く青い海、遙か彼方に沈む夕陽の向こうに朝鮮、夢見る古里の故國を望む方角ではなかろうか。そんな説明はないが、私は獨りで興奮してしまった。ここに住み、ここで死んでいった人達は、イースター島の巨大石像のように、何故海に向かい、西に向かって埋められたのだろう。

私は海を見つめ、遠い昔の幻想に浸《ひた》りながら、この土井ヶ浜に去り難いものを覺えた。山口縣一帯は大内氏一族が榮えたと云う。そこは、ずーっと古い昔からの未開の原住民がいたり、朝鮮から移住した人達への關門であったり、彌生時代以前の昔から朝鮮とは深い關係があったような氣がする。蔚山の岩壁の鯨捕りの光景とその種類の分類等から見て、仙崎の鯨捕りも、両国の海峡を挾んで、同じ方法でやっていったのかも知れない。

舟に乘って、漂流して来た集團の人間が、未開のこの主《ぬ》しのない肥沃な土地で結集された組織力を發揮して、歴史の主人公になっていったのではなかろうか。つまり日本古代神話の神々のことである。九州、山口縣、島根縣等の神話の神が非常に具體的で人間的なのは、何か意味深い感じがするのである。

私は土井ヶ浜よりの帰途、日本の開祖の女王、卑彌呼《ひみこ》のことが頭に浮かんだ。この卑彌呼は一體誰で何處から来たのだろうか。若しこの女が、あの鯨捕りの坐女の出身だったとして、男性達から共有され共同體の中心となり、女王の如く崇められ、組織力をどんどん強化して勢力圏を伸《の》ばして行ったとしてもおかしくはないだろう。この女の人は、朝鮮では(날무당、ナルムダン)と呼ばれる卑《いや》しい身分の女かも知れない。卑(비、ヒ)、日(해、ヒ)、太陽、日數年暦も似たようなものなら、はては、古代の日本語は、朝鮮の言葉と同一か或いは似たようなものならば…。などと勝手に考えて見たりした。ひょっとして、朝鮮や中國では、〝卑〟とは出身を示す輕蔑の意味があったのだろうか。彌の字には、彌勒菩薩《みろくぼさつ》の〝彌勒〟つまり自身を以って万人を救うという意味の彌勒を縮めて彌と呼んだ女王、即ち全ての男性に對して自分を犧牲にした女王の呼稱ではなかろうか。

古代日本史に残る謎《なぞ》の不思議な女王卑彌呼とは、朝鮮から見て太陽の昇る東の國に行ったつまり山陰から勢力争いの騷然たる九州王朝に向かって海を渡って迎えられて行った、朝鮮語を自在に操る靈感溢れる若い美貌の坐女の(ナルムダン)出身で、卑しいけれど全ての男性に愛され、彌勒菩薩の如く尊敬され、再来とよばれる徳の深い女王の意味ではなどと、獨り幻想に追われた。それというのも、この山口縣に来て、あまりにも近く共通した古代の強い絆《きずな》を感じたからである。と同時に白く美くしい砂浜、青く輝く海、そんな土井ヶ浜の彼方を見つめて死んだであろう、あの發掘された遺跡の、顔を西の海に眞っ直ぐ向け、整然と並んだ三〇〇余體の人骨、それらが非常に印象深かったからであった。

日本オペラの先駆者であり、
恩人の藤原義江先生。

若き日、私のデビューのころ

私が藤原先生にお目にかかったのは、一九五五年の秋も深い十一月の初旬のことで、赤坂の氷川町にある研究所であった。卒業を前にいろいろ憂鬱《ゆううつ》でいる私に、砂原美智子さんの師である平原先生から「すぐ来るように」とメッセージを受けてドキッとした。私は留學生である。平索、先生とはお話しをしたこともなく、なんだか怖《こわ》い顔して眼鏡の奥から見つめられているようで、男の學生たちはいつも怖《お》じけづくのだった。恐る恐る教室に入ると、貴方はこれから卒業したらどうするのと聞かれて、ハーと思わずまごついた。私は、あんまり急なことで口も開けなかった。「明日二時から、藤原オペラでオーディションがあるのよ、ぜひ出なさい」まるで命令だった。翌日、都電に乗ってアッチ聞きコッチ聞きして、閑静な住宅街にかこまれた研究所に入ると歌聲が聞こえた。男のテノールの聲である。まだ、六名殘っていた。後ろの列に座って歌を聞いた。

審査席には、藤原先生、砂原美智子、宮原良平、石津健一の諸先生が座っていらしたことをあとで知った。オペラのアリアを各自一曲づつ歌っている。いきなり伴奏合わせも無く、大丈夫かなと思ったりしたが、皆も同じだろうと不安を消して自信を回復した。私の番になった。ヴェルディのオペラ、シモン・ポッカネグラのバスのアリア「哀れ父の胸は」を、自信を持って堂々と歌った。百坪に近いような、廣い木造の天井の高い部屋に、得意の低音F＃の聲が長く響いて終わった。男の人たちは大抵殘っていてくれたし、審査員の表情も讀めた。オーディションが終わった。皆、がやがや外に出ると、ちょっと呼ばれたので隣の小さな部屋に入ると藤原先生が来られ、貴方は卒業したらどうしますかと聞かれた。のぞきこまれた先生のお顔はまるで外人の顔である。よく見た映画の美男俳優そっくりである。遠くから舞台では見ていたが、こんなに近くで初めてお目にかかれた。質問は昨日に續いて二度目である。今日はチャンと答えた。「ここに殘って勉強したいのです」と。

藤原先生は喜んで、では来年四月マスネー作曲オペラ「舞姫タイース」を公演するのだが出演を頼む、と言われ、樂譜を受け取って歸った。しかし、内容を知らないので神保町に寄りアナトール・フランセの文庫本を買って讀み、このオペラのヒロインが絶世の美女で砂原美智子さんが出演するのだと思った。噂《うわさ》が早くて、翌日には學校の友人から「藤原に入ったたって…」と聞かれた。數日後、學校のキャッスルで柴田睦陸先生にも聞

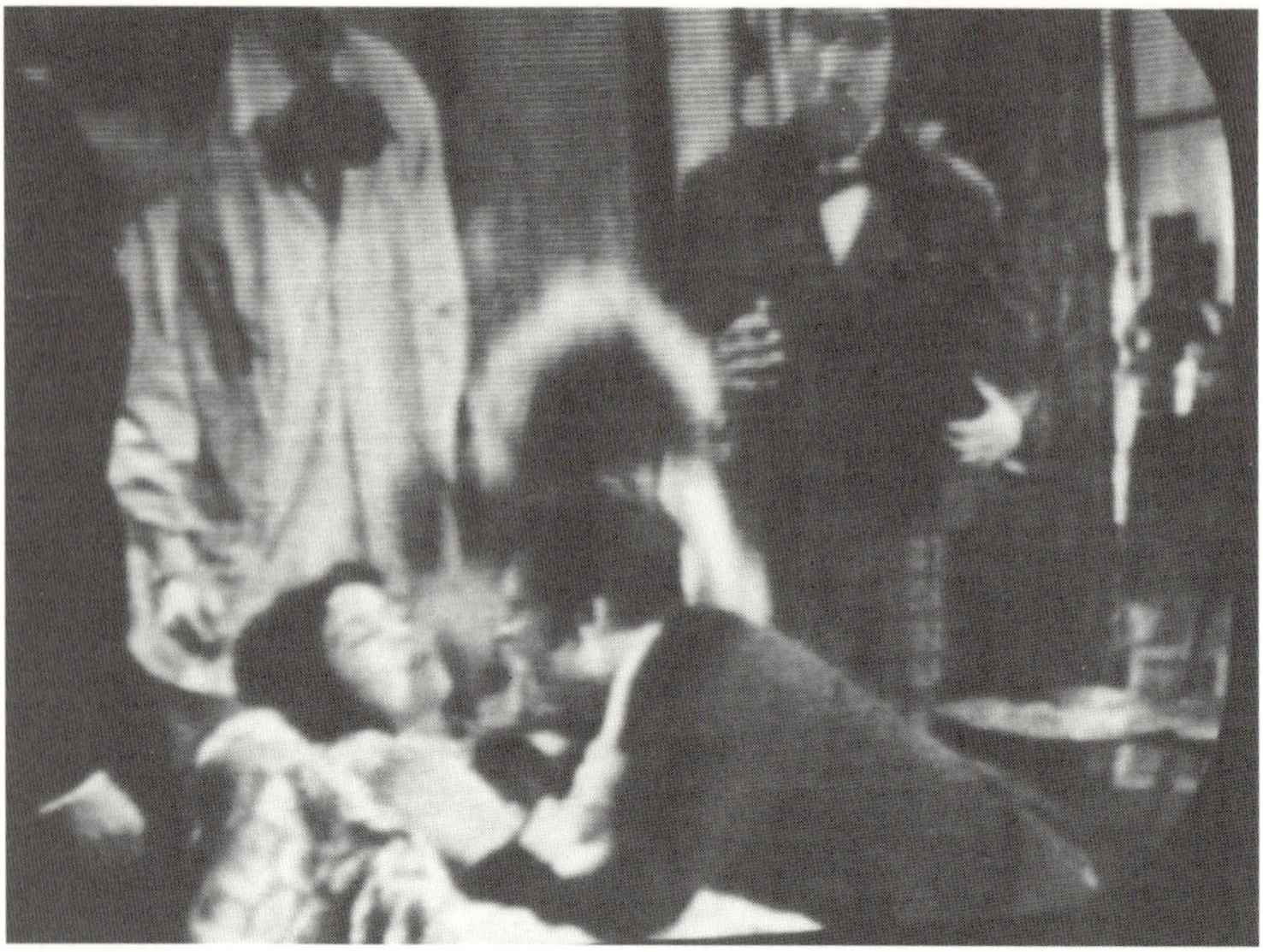

オペラ ラ・ボエーム NHK TV出演 ミミ戸田政子. 詩人ロドルフォ藤原義江. 哲学者コリーン 李仁榮. 最終場面 1957

かれた。柴田先生は四年のオペラの主任先生でもあり、二期會のリーダーのひとりであった。君は二期會の研究生に来ないかい…、私は、丁寧《ていねい》に断った。當時の二期會は發足して三～四年であった。藤原オペラから、中堅の歌手が大擧して退團して結成した團體で勢いがあった。しかし、私は考えた。バリトン、バスで学校の先生と先輩を數えると、立川澄入、大橋國一まで入れて十一名もあった。とても私の番まで近いうちに来る見込みがなかった。私は、藤原に入ったのが内心嬉しかった。しかも、私は日本人で無い。勉強して、帰らねばならない。

私は、東京芸大声樂科で四年間、矢田部勁吉教授に師事した。定年に近いお齢《とし》だったが熱心に教えてくださった。心から尊敬する恩師である。生活は下宿を轉々としていた。学校の近くの間借りは難しかった。ピアノの無い地方の学生など、学校で練習するよりほかに手がないから、夜の門限九時まで人が多かった。学校のピアノも酷《ひど》いもので、白鍵は剥《は》がれて無い。あっても米粒で貼《は》ってあるので、すぐ剥がれて指に米粒がついて汚く黒くなる。男女の學生が歸るときには、皆集まって、公園を突き切って七分かかって驛まで行った。公園の中や驛の近くにはバラックの集團があって(今は西洋美術館になっている)、惡い人が多いと話があり、男の學生は女の學生を囲《かこ》むようにして足早に歩いた。當時はまだ完全に戰爭が癒えてなく、何しろ家が少ないのか間借りが難しく、音校生は喧《やかま》しいとか、朝鮮の學生となると「ソレガ、アノー」と急に言葉を変えるので、あきらめてYMCAに入って生活していた。

四年で、ニコラ・ルッチ先生のオペラクラスで「ラ・ボエーム」「椿姫」を勉強したが、結局卒業公演は椿姫になって来春上演することになったが、困ったことになった。つまり二つの公演が、三日を間において、続いてあるのだ。一九五六年四月(十三~十六日)藤原歌劇團の「タイース」、そして(十九~二十日)が大学の「椿姫」の公演である。私は、まだ春も早いのに赤坂に行ったり上野の學校の練習に驅け込んだり、今のＪＲに乗ったりチンチン都電に乗ったり、忙《いそが》しかった。

「舞姫タイース」の公演の日になった。新築の産経新聞の産経ホールだった。主役は、歸朝のプリマドンナ砂原美智子、そして美聲のバリトン石津健一先生であった。私の役は、若い修道僧と美女のロマンスの間に立つ年老いた修道院長であった。

このオペラは、あまり知られていない作品でもあるし初演でもあったが、砂原さんの人氣が、兎に角、大変なものであった。第一幕、まず修道院長が、アレキサンドリアの街に絶世の美女ありて國の墮落《だらく》の原因であると嘆く。そして、若い修道僧を遣《つか》わす場面がある。私が歌い出すと、聽衆のほとんどは石津先生が歌い出したように思ったらしかった。次に修道僧の石津先生が舞台に現れると、客席で、急にプログラムをめくる紙の音がして、暗いところで私の存在を読むのを感じた。果てしなく廣がっているような黒い客席を前に、私は胸の中に涙した。

哀れな民族。悲慘な自國の、戰争の傷跡。立派で華やかなこの舞台が、自國の父母の前であればどんなに嬉しいだろうか、と…。

翌日だかの夕刊には音樂評があって、新人の私の馬力《ばりき》が掘り出し物、光って見える、將来が嘱望《しょくぼう》される、などと載っていた。この公演の二ケ月後の六月にモーツアルトのオペラ「ドン・ジョヴァンニ」に出演することになって、私は藤原義江先生に心から感謝した。このオペラで、私は先生と一緒に日比谷公會堂の舞台に出るのだが、いっしょに歌う場面はなかった。テノールの藤原先生はほとんどソプラノの美女たちの側にいた。そして私といえば、そのソプラノの父であり、惡漢のドン・ファンと決鬪して死んでゆき、おまけに幽靈《ゆうれい》で再び登場する役であった。それから「ラ・ボエーム」「トスカ」「セビリアの理髮師」「リゴレット」「アイーダ」と、一九七一年まで藤原歌劇團であれこれ歌ったのである。とくに「トスカ」「ラ・ボエーム」は、隨分と出演して歌った。ソウルと東京を行ったり来たり、忙しい歳月であった。

アメリカ演奏旅行 1973

我、恩師の影を踏《ふ》まず

日本を初めて訪れる人が、先ず驚く事は、神様が多すぎる事である。日本の津々浦々、山野至る所これ神である。行く先々出会い余る程だから、どれがもっとご利益があるのか。そして、そのような八百万《やおよろず》もある溢れる神々の中で、一人が幾つでも自分で選択も出来るから面白い。だから、いくら時限が流れても根はチットも変わらないのが日本のようにも思える。

中国には、神様がいくら探してもいない。ありそうだが、佛教も孔子も老子も魂も誰も何も居ない。あるのは毛沢東の紅衛兵大革命「三千万人を三十年間に處刑と餓死」させたのと、鄧小平の反対政策である「民主経済改革」だけ…。それ以後、十五億の中国には社会の自由化と経済発展等あまりの急変化に、神様も驚いて逃げるだろうね。特に、この頃は高層ビル建設の林のような建て比べと溢れる自動車の波、それに黄砂の為に、年中すごいホコリで眼が開けられない。

中国では漢字が意味を無くして漢文明の偉大な遺産を捨て去ったようだ。この頃の字は、私達には馴染《なじ》めないし、字が意味のある絵にならないからつまらない。韓国では、自分の名前も漢字で書けなく、新聞の簡単な漢字も読めないのが増えた。良い面も悪い面も、三国は漢字からして変わって来た。困った、困った。三国だけは漢字で結ばれていたのに残念だ。

昔々、大昔には朝鮮にも中国やモンゴルからの無数の巫俗《ふぞく》的神様軍団が押しよせて来て溢れるほど至る所にいたそうだ。しかし、いつの間にか数が減ったという。日本に五千年の間、朝鮮から宗教、学問、農業、医学、技術、芸術が海の流れでゆっくり波に乗って渡って行ったんや。レーマン潮流とかのこれが自然とユラリユラリと日本の山陰に行くんだって。もろもろの神様も日の昇る新しい土地が好きで共に移ったと見えるねぇ。

その代わり、日本からは明治以後植民地の間、西洋の学問や新しい技術が朝鮮総督府を通して入って来たのさ。帆船《はんせん》でなく、大きな船に乗って日本人がどんなに来たことか。だから、まるで生き物の様に地球の上を動いて流れて行くのが文明文化ってものさ。あの頃はまだ、船だったけど。

しかし、良くないものがついでに入ったり先に入って、全てをかき混ぜてご破算《はさん》にするのも多かったねぇ。例えば、日本の帝国主義、植民地、戦争がそれなんだよ。大きく貢献した人々の功まで失わせてしまうんだよ。朝鮮に来ていた学問分野、医学、技術、農業、芸術、教育関係の真摯《しんし》な先生方の朝鮮に及ぼした努力と功績なんだよ。

特に思い出すのは、十七世紀末に自ら朝鮮の釜山に二度も留学して儒学《じゅがく》を学び、ハングルを用い、朝鮮の礼儀作法に関する書を著《あらわ》し、朝鮮外交で「互恵対等」「善隣友好」を実践した日本の偉人「雨森芳洲」。朝鮮通信使の交流にも大きく貢献している。朝鮮が、徳川幕府が執権した 西暦千六百七年から千八百十一年の間（二百四年間）十二回も国力を挙《あ》げて毎回三百名から五百名に上る朝鮮通信使一行を送り隣国日本に学問、思想、仏教、農業、漢医学、芸術などを授けたのだが、その事を忘れた日本。その恩を仇《あだ》に征韓論だったけど。

追記

友よ、考えりゃ偉そうな口を利いてる俺のようにヘンチクリンな男にも、昔は立派な師がいて下さったが、もうこの頃は本が読めるのが実に有難い年になってしまってね。そして、音楽を聴き、美術や詩もまたほかにもいろいろと読めるのさ。どこからでも、何からでも自分の成長の為に吸収してゆこうと背伸びしていた若さは無いけれど、それでもこのように老いても楽しく笑いたくなる事があるからまたましだ。しかし漢字を使っている、漢字の文化が残っている日本、韓国、中国、この横に並んでいる三国だけでも笑いが違うって思う場合がある。

日本人は慎《つつし》み深くて、なかなか笑わない。眉《まゆ》を立てて口を一文字に、含み笑いが多い。これは確かに総身に知恵があるからだ。中国人はいつもニコニコそしてニヤニヤが多い。何を考えているのか奥が知れない。韓国人（朝鮮）はあたり構わず大声で笑う。隣の迷惑《めいわく》などは考えない。僕もそのようで、いつも家内から文句が来る。僕の場合は、生来からのもので教養から来るのかも知れないが、周囲は僕が声を発《た》てて笑わなくなれば、健康か気分が悪いと思われるという。だけど家内はもう少し何とか笑い方があるでしょうという。しかし僕は健康に良ければとやり返す。立派な笑い方がどんなだか観たいものである。まあ友よ、いつも良くお笑いになっていらした恩師の事が思い浮かぶ。だから俺たちもまず笑って、声を発てて大きく笑って、それからはじめる事だなあ。

友よ、お互いに見えずとも逢えずとも、まあ笑ってくれろよ。まだ気持ちだけは若いんだから。奥の細道ってねえ、一本真っ直ぐな道でないさ。一本道って平凡で面白くないよな。少しぐれて汚れたかなー。俺は。まあいいさ。残りが少ないからねえ。もう直らないよ。ハッハッハ。そして育てて頂いた恩師も、たまには思い浮かべろよ。

我、遥か恩師の影を踏まず。

黄昏《たそがれ》に聴く音楽

十三歳で音楽家になれればと思いました。音楽はどうしてこんなに美しく素晴らしいんだろうかとＳＰレコードの前で涙ぐみました。音楽のうちどれを専門にしようかと、あれこれ悩んだり夢見たりしました。指揮も、作曲も、ピアノも、どの楽器も難しく独りでやれるものではありませんでした。十六歳でロマン・ローランや楽聖伝記などの本を読んだら、晩年のベートーベンは耳も聞こえず貧しく孤独だった生涯であり、強い個性で生き抜いた音楽家とありましたので、貧しくとも芸術をもって自由に生きる、音楽家という職業に憧れました。そして、それが自分のカッコ良い未来の姿に重なり夢想にふけりました。思案の末に、音楽のなかで最も易しく見える歌でもしようと決心して、素質も構わず独りで声楽家を思いつめました。好きな音楽をするには歌以外には、真似《まね》でもやれ

李恵旼（次女）ソウル大美校2年
父親（李仁榮）のスケッチ、1989

そうなのが無かったのです。

やがて留学した日本の音楽学校で、ベートーベンの第九番交響曲や荘厳ミサ曲の合唱をしながら感動のあまり涙が楽譜に落ちました。韓国は当時、同族相争の南北戦争の中にあったのです。夢見ていた、あまり努力しなくても済むと思えた声楽家になったわけですが、易《やさ》しいと思ったのがそもそもの間違いで、声楽がこんなに難しく「笑って入門して泣いて立ち去る」と云う話が名言だと思いました。四年生の秋にオーディションを通して藤原歌劇団に入り、翌春には念願のオペラ舞台に立ち、新人として将來が有望だと新聞等に書かれました。幾つものオペラに出演したり、その再公演等と舞台経験や修錬を数年のあいだ積《つ》み終えて、私は韓国のソウルに帰国しました。

そして、いつのまにかソウルの大きな劇場で第九番交響曲や荘厳ミサ曲の独唱者になっていました。自分が以前夢見たように華々しく花束と喝采《かっさい》に囲まれたカッコ良い成功を収めていましたし、独唱会ではベートーベンの歌曲を数曲歌っていました。ベートーベンのオペラ「フィデリオ」の中のロッコの大役を、四千人収容の大劇場でドイツの歌手達と共に歌いました。指揮はマンフリット・グルリット先生、演出はバリトンのゲルハルト・ヒッシュ先生でした。日本で学生の頃から、いつも天井桟敷《てんじょうさじき》で熱い拍手を送っていた私は、この世界的な大先生からの指導を受けられた事は身に余る光栄でした。

そして私は、少年の頃に夢を見たり憧れていた、不幸で孤独な晩年のベートーベンの生涯の事はすっかり忘れていました。そして学生の頃の事ですが、朝鮮の南北戦争で暗い祖国の現実の為に、いつも不安な思いでいた留学生の私でありました。その私に、強い意志と望みを与えてくれた「人間ベートーベン」の事は、忘れていました。更に帰国後には、大学での忙しい毎日の生活、独唱会や音楽会、オペラの出演、オペラの演出、海外演奏と旅行、論文を書き、国際交流音楽会の主催等自分でも我を忘れる生活をしていたのです。音楽家としていつも、忙しく慌《あわ》ただしい毎日に振り回されて、お金にならない事ばかり繰り返していました。

世界の何処でも、昔も今も音楽家と云うのは、あまり変わらないと思います。自分自身が好きでやっている音楽であり、貧しいのは自業自得であるから誰にも文句も言えず、私はそれを楽しみながら一生を送るべきだと自分に何度も言い聞かせました。周りから「ソレ見ろ」と言われているように感じた事も、一度や二度ではありませんでした。しかし私自身は、顔の皮を厚くしていつもゲラゲラ笑いながら、楽しそうな表情をして「乞食《こじき》三日でやめられない」と豪言して生きて来ました。

六十歳の還暦《かんれき》で立ち止って振り返って見ると、いつの間にか自分が杖《つえ》をついた身体の不自由な老人になっていました。そして、あれよあれよで六十五歳停年退職になりました。あっと言う間の慌ただしさでした。その内に若い人からひとつひとつ段々と体裁よく門前に締《し》め出されていました。そしてそれを分かった頃は、芸術院とかの会員になって有名芸術家の老人たちの末席に座っていたのです。

八十歳が目の前に迫ると私は家にこもる時間が多くなり、この頃は外に出る事が段々と不自由になってきました。自分自身が哀れな気にもなり空元気を出して見ても、何処からも反応がなくなりました。自分の病歴を数えたり手術の回数を数えたりする事が度重なり、今年の分だけを数えたり、飲んでいる薬の容器を見やすいように食卓の脇に高さ順に一列にならべて眺めているのです。毎日飲んでいる薬だけでもお腹がいっぱいになりそうな量ですが、しかしこの薬が藁《わら》をもしがみつく人間の心境をうまく表していると思ったりします。

健康な人が羨《うらや》ましいのですが、人によりけりなみたいです。いつも羨ましく思っていた健康な人が、或る日ボックリあの世に去るのも見ました。人間の寿命だけは計《はか》り知れないものとしみじみ思ったりしますが、私のように年をとって体全体がこれ程不自由になるのが最も困った悲しい事だと感じます。いつの間にか身体障害二級者になりカードを所持するようになりました。一級者は盲目、両脚、両手切断等の完全に身体不自由な人々を指すそうです。私の場合は、両足首の関節、右膝関節、左手の一部の麻痺等に加えて最近まで自慢していたはずの聴覚に問題が生じました。つまり耳鳴りがして来たのです。

何よりも音楽が聴けなくてガックリしています。今年の痔《じ》の手術は致し方なく、また治癒《ちゆ》しましたけれど四ヶ月の間実に苦労しました。しかし何よりも音楽が聴けなくなり、補聴器の世話になったり或いは耳が暗闇になるのだけは耐え難い刑罰に思えるのです。また今はそれ程悪くはありませんが、周りに難聴者の人々が多く、恐ろしくて私は出来るだけ音楽を聞かずＴＶのヴォリュームも下げています。沈黙の耳の暗闇は、よく歩けなく車椅子の世話になっている私にとって、死ぬ思いの苦しみになるのではと今から不安になります。

こともあろうに、どうして私が、この様に惨《みじ》めで哀れな立場に落ち込み、絶望的な気分になるのでしょうか。めっきり死を思いつめる事が多くなりました。狂ったように聴いて生きる勇気を得ていたベートーベンの音楽。繰《く》り返し繰り返し聴いていた私だけのベートーベン。交響曲全九曲、最後にはカラヤンの第九番の一楽章から三楽章までを何時間も繰り返し繰り返し聴きながら仕事をしていました。四楽章の歓喜《かんき》の合唱はとても聴く心の余裕がありません。歓喜に対する心の準備がまだ無理なようです。歓喜は今の私には過酷《かこく》なのです。

歌の無い音楽。言葉の無い音楽。ブレンデル演奏のピアノソナタ一番から三十二番までを、のべつかけっ放しに聴いていました。弦楽四重奏も十六番まで聴いていましたが、いつの間にか初期の作品だけを繰り返し聴いているのに気づきました。しかし最後は、やはりカールベーム指揮の「荘厳ミサ曲」を聴いて安らかな祈りの気分に浸《ひた》る自分を見ます。そして画面いっぱいにみる、ＤＶＤによる英国コーリン・デーヴィス指揮の荘厳ミサ曲の素晴らしさは、他の匹敵《ひってき》を許さず、そこには信仰と温和な人間味と芸術を超越したベートーベンが求めた霊魂の昇華を、天上で見るような喜悦《きえつ》が感じられるのです。

檻《おり》の中で、猛《たけ》り狂う猛獣のような苛々《いらいら》した気分と、追い詰められた逃亡者のような最近の自分です。夜中に三回は起きて、お手洗いに行ったり眠れずコンピューターに向かったりしている、疲労と苦痛に悩まされている自分を、死を迎えるまで続けると考えると、お先真っ暗な気持ちになります。私のような平凡な人間ですらこのありさまです。聴覚を失ったベートーベンは、自己の生涯における最晩年の作曲に没入しながら、ピアノの前に座ってピアノを叩《たた》いても音は聞こえなかったはずです。両手の指をいろいろと組み合わせ重ねながら、霊魂に響いて来る天からの和音の調べに手を振り振り、管弦楽、合唱、独唱者、ヴァイオリン、オルガン等の巨大編成の各パートを唸《うな》ったり奇声で歌いながら、部屋をぐるぐる回り楽想を書きとめていた事でしょう。自分で感動のあまり、喜びに飛び上がりまた涙に咽《むせ》んでいたのではないでしょうか。私達にベートーベンのありさまを思い浮かべさせる、深い感動と現世を乗り越えた天上の喜悦に誘う「荘厳ミサ曲」を聴く時、私は神から与え賜った限りない恩寵《おんちょう》に感謝の念で胸がいっぱいになります。

この世に天才は星の数程沢山います。悲しくなるほどの美しさ、人を引きずり回す強引さ、痺《しび》れを誘う官能、溜め息と涙に濡《ぬ》れる、そして汗と血にまみれた恋等を表現した天才達の作品が、図書館に溢れています。しかし、この世で唯一人の音楽家を選び、そしてその人の作曲の中から一曲だけ選べと云われたら、或いは死に際に聴きながら息を引きとりたい曲があるとすれば。私はためらわず「荘厳ミサ曲」を選ぶでしょう。

車椅子に座って部屋の窓から向かいの山を眺め、何度も涙したこの曲です。昔、学生の頃、音楽学校の定期演奏会で合唱を日比谷公会堂で歌いました。帰国して韓国初演時には独唱者として歌いました。隅々まで勉強したこの曲なので、私自身手を振りながら聴くと余計感動が深く、ベートーベンの偉大さが身近にひしひしと迫《せま》って来るのを感じるのです。身体が不自由になり耳まで悪くなるこの頃でも、生きている喜びと生きて行く勇気を私はこの曲から得るのです。

私は聴き終わると心の奥底から湧《わ》き出る感動と感謝の念を、孤独で耳も聞こえなかったベートーベンに向かってダンケシェンと述《の》べます。そしてシューベルトの「音楽に寄《よ》す」の歌を口づさみます。有難うよ。音楽があって幸せな私の生涯だった。本当に有難う。荘厳ミサ曲の重唱と合唱が部屋いっぱいに Agnus Dei, Miserere nobis. Pacem. Pacem.（神の子羊よ、我らを哀れみ給え、我らに平和をお与え下さい）といつまでもエコーになり響きわたっているように聴こえてきます。

窓からふりそそぐ光のなかで、ベートーベンのこの美しく荘厳な音楽を聴きながら、いつまでも私は世界の平和を祈ります。この老いぼれた小さな人間の私の身体的苦痛などよりも、地球の上に繰《く》り広げられている戦争と災難、暴力と破壊、混乱と恐怖、死と悲しみの中で震えている不幸な人類と混迷《こんめい》の中の韓国の為に、平和をと祈るのです。そして音楽を通して私に生きる勇気を与えている楽聖ベートーベンに限りない感謝を捧げるのです。

二〇〇六年　十二月　五日

木槿《きん》通信と詩人金素雲《きむそうん》

木槿とは「むくげ」の花をいう。この花は、韓国の国花である。韓国では無窮花(ムグンファ)と呼ばれている花であるが、バラやサクラ等のような高貴な香りや華麗さは無い。しかし、無窮花に寄せる韓国人の愛情は熱い。それは、朝鮮の国運が傾《かたむ》きつつある韓末から、日本帝国の露骨な侵略である植民地が終わる日本の敗戦に至るまでの永い間、当時の朝鮮人は愛国歌として密《ひそ》かに歌い続けていたからである。受け継《つ》がれた愛国的歌詞の中にある無窮花のように、荒れ狂う日本の暴政の中でも、雑草の如く「朝鮮民族よ、強く逞《たくま》しく生き延《の》びろ」と願った花であった。ダニのような寄生虫にもめげず、朝に咲き、夕べに萎《しぼ》み地に落ちるとも、命の限りあの暑い炎天下の大地に立ち、咲き乱れるときの美しさは、怯《ひる》まない強さと勝利を誇っているようだった。家の門の脇《わき》に立っていたこの無窮花を子供の時から僕は見ている、年中あまり目立つ木では無かったが、夏の間を咲き乱れるのは美しかった。しかし、この花が音もなく落ちるのは殉教的であり、潔《いさぎよ》く尊い命を捨てる愛国闘士の最期のようで、いつも胸を打たれるのであった。

金素雲先生は幼少の頃、僕の生まれた釜山の影島《よんと》で育った。金敬煥と呼ばれ母は、弟の友達として遇《ぐう》していた。先生は、生涯とても逸話が多い。子供の頃のことである。釜山に入港した日本の軍艦の一般公開日に、友達二、三人を引き連れて紛《まぎ》れ込み、隠れて大変な騒ぎになり、その子供たちの親が、警察や憲兵隊へ謝罪と身柄引き取りに非常に苦労したと聞いた。又、一人でソウルに行くと汽車に乗り込んだりと問題が多く、いつも友達であった叔父まで巻き添《ぞ》えになったそうである。父や母の笑い話の種だった金素雲先生を僕が直接お目にかかったのは、終戦の翌年だかに僕の家に奥さんと一緒にいらした時である。有名な黒いふちの大きな眼鏡にアゴには羊のような五センチ程のひげを生《は》やして、見るからに普通ではなかった。家では、珍客どころではなく、楽しい家族のようであった。新婚早々だった奥様は、子供の頃から知っている地方きっての才媛《さいえん》との名高いひとであった。この金翰拵(キムハンニム)先生は、東京の女子大出身かで大変な美人であった。僕は、素晴らしいカップルだと思った。金翰拵先生は、草梁教会の梁聖奉長老の姪《めい》で、梁長老は釜山商業の父の二年後輩であり、李承晩政権下で釜山市長や農林部長官をつとめ、釜山では名士であった。

芸術に憧れていた僕は、一度でよいから風変わりな有名芸術家の家を訪問してみたかった。それで、兄を説得して新婚の先生のお宅を訪問した。どうしても文学家の蔵書や生活をみたかったのである。というのは、女流文学家の金末峰女史の草梁の家には何度も行っているから良く知っていた。同じ年頃の一つ上の姉や、一つ下の弟のような人がいたから、非常に楽しかった。それに、女史と僕の母は姉妹のように親しかった。しかし、アゴヒゲを生やした見るからに風変わりな金素雲先生の生活は、どうしても一度覗《のぞ》いて見たかった。東莱日新女子高校の先生でいらした奥様の金翰拤先生と芸術家とのお宅の訪問は、好奇心が強い僕には充分な収穫があった。つまり、人間は広い世界に生きる必要と、その為の勇気を思った。二人とも日本留学ではないか。学校の裏の宣教師の家のような感じの赤レンガの美しい家から、夢のような芸術家の生活を見て帰った。

一九五六年頃のある日、東京の韓国ＹＭＣＡの玄関でバッタリ金素雲先生にお逢いした。僕は、兄の名を告げて、懐かしく近くの喫茶店でお話しをいろいろ伺《うかが》った。ペンクラブ国際会議の帰りだそうで、当分帰国しないという。結局先生は、ＹＭＣＡの二〇三号と二〇四号室を借りて、書き上げたのが「馬耳東風」と「木槿通信」である。先生は、日本の帝政時代に岩波文庫から日本語版の朝鮮詩集を発行した。その卓越《たくえつ》した美しい日本語は素晴らしく、前無後無のものである。先生は、ある文学志望の若い在日同胞女性との艶聞が僕にまで聞こえた。僕は、金翰拄《キムハンニム》先生の事が気になって毎日お目にかかる先生に困った。僕の部屋は、三階の三〇七号で、時々先生と食事を共にした。先生の数あるお言葉の中で、いつまでも心に残る言葉は「盗人《ぬすっと》、猛々《たけだけ》しい」であった。日本に対して言っている様でもあるし、或いは、当時の李承晩政権に言っている様でもあった。泥棒《どろぼう》や悪党が逆に開き直って、大言壮語するのを見て先生は黙って居れない性分かも知れないと思った。

ソウルに帰国して、先生に一度お目にかかった。芸術家は、生涯を通して自分の個性とスタイルは変わるものでは無いと思った。先生は、詩人であり昔の仲間であった友人との思い出や面影の中に、芸術家らしくロマンティストとして生きているようであった。帰国して一緒に生活をなさらなかった奥様の金翰拄先生は、その後病身でありながら、何故だか八〇年代頃まで韓国民主社会の実現の為に献身して、闘い散っていった。生前、たまに街でお逢いすると、本当に懐かしく、姉と弟のようであった。そして、お電話を下さるときのお声は、昔、僕が少年の頃に憧がれた理想の女性像の、あの時の美しいお声であった。

そう云う訳《わけ》で、実におこがましい限りではあるが、金素雲先生の日本語で書かれた有名な著書「木槿通信」にあやかって、拙書の題目を「新木槿通信」とした。この本もやはり日本語で書いたので、先生に比べると下手《へた》だけど、少しくらいは先生も昔のよしみで許して下さると思うし、又遠いあの世から「おい、題名盗人《だいめいぬすっと》」とおっしゃる事はあるまいと思う。

あとがき

この日本語で書いた小書の出版は、東西文化社の高正一社長の御好意により陽の目を見る事になりました。校正や整理をして頂いた高京美、厳敬玉様のご苦労、また畏友の朴恩会、具河書、李甲燮の諸教授の惜しまぬ激励の言葉に何度も挫《くじ》けそうになる気を取り直しました。共に心から感謝を述べます。

私は日本から寄せられた期待と激励のお言葉に更に勇気を得ました。特に浜松フィルハーモニー管絃楽団と浜松市民オペラ理事長川島順三先生、前東京海上火災保険ソウル支社長で長年韓国に滞在しながら交友をして頂いた日本文化研究会のメンバー並木友先生、学友の北園整子様のお手紙は身に余るものでありました。いろいろなご指摘やご指導の言葉は、この上なく有難く未熟な私にとって深く感謝に耐えません。

この本は、終戦前後の多感な少年の頃に読んだ、大きく二段構えになっていた分厚い日本文学全集等の古い記憶を思い起こしながら依怙地《いこじ》で書いたようです。良く解ったつもりの日本語でしたが、それが難しくて往生しました。いよいよ最後の原稿を渡し終え、今、呆然としています。どうやら残された人生は、音楽を聴きながら恍惚《こうこつ》の老人として幸せを求めるつもりです。

厚かましいのですが、頂いた三通のお手紙を載せて私の韓日親善交流に寄せる気持ちと感謝を表す事に致します。

親愛なる李仁榮先生
新年明けましておめでとう御座います

遅いご挨拶で恐縮です。先生にはお変わりはなくお元気のことと拝察申し上げます。昨日六日夜土曜日、浜松フィルハーモニー管絃楽団第十回ニューイヤーコンサートを中ホール満席のお客さんに好評を頂き、無事終了しホッとしているところです。

昨年の先生の出版の件、お力になれず申し訳ありませんでした。それにしても先生の韓日両国に対する思い、想いそしてそれを何としても出来るだけ多くの人に伝えたいという強いお気持ち、気力、情熱にはひしひしと感ずるものがあり本当に頭が下がり敬服以外のなにものもございません。

人は加齢とともに身体は確かに衰え不自由も生じ、不便も感じますがそれでも心は正しい心構えと心掛け次第で年とともに円熟して行くものだそうです。
人はこの世に生を受け本質的に真なるもの、善なるもの、美なるものを追求して聖なるものに近づきたい本能をもつ存在だと思います。そして自分の本質は何か?それは自分に与えられた良いもの、好きなこと、やりたいこと、得意なことを実現し、それを極めて人のため、人の喜びのために役立つ人生を送れたら最高だと思います。
先生はまさにそれを実践されてこられた方であり、そして今日あるわけであり、そういう先生とご交際させて頂いております事は大変光栄であり且つ又心より感謝申し上げます。

韓国での出版の件、その後如何ですか?是非日本でも出版できるといいですね。及ばずながら何かお役に立てたら幸いです。
世界的に温冬のようですが私たちのこの地域はこれからまだ数ヶ月間寒い厳しい時期が続きます。くれぐれもお体とご健康には十分ご留意され日々楽しくお過ごしなされますよう切望いたします。

二〇〇七年　一月　八日

川　島　順　三

李仁榮貴下

拝復　最近の身辺のご様子と新原稿、本日確かに拝受しました。ありがとう御座いました。とくにもっとも最近お書きになった「黄昏に聴く音楽」は感動的で、私も今年九月に弟を六十四歳で失ったこともあって、毎日「死」について考えています。でも李先生はこれまでのご苦労を神に対する感謝、友や家族に対する報恩、日韓両国親善の為の献身等、せちからい今の世にあって、珍しいほどの清らかさで対処しておられ、心から尊敬申し上げます。いつの日か天国に行かれる時も、必ず至福をもって迎えられることでしょう。

校正にご苦労されているとの由、私も一昨年、本を出しましたが、本当に校正は大変ですね。昔、菊池寛が「校正(後生)恐るべし」と言ったというエピソートがありますが、言い得て妙という感じがします。以下、原稿を拝見して気がついた点、いくつかを下記しました。ご参考になれば幸いです。

一、原則として現在日本で使われている新活字が使われていますが、「はじめに」の本文終わりから二行目は「韓日兩國」と旧活字となっています

二、「水道橋と神保町」本文八行目、「そして十年は日本の、、、」の「十」が抜けています。
三、外来語の長音を示す「ー」が「―」となっています。(例、「水道橋と神保町」三枚目、十行目、「コーヒー」ほか多数。)
四、同五枚目、最終行「楽譜を食べて歩いた。」とはどうう事でしょうか。
五、「自画像との対話」二枚十行目、「爬ってでも」は「這」がいいと思います
六、「我、恩師の踏まず」は「影」が抜けていますね。
七、同、下から四行目、「通うじて」の「う」は不要です。
八、「バラが咲いた」八枚十六行目、「痴呆症」は、最近差別用語という理由で「認知症」という言葉が使われています。

以上、余計な口出しかも知れませんが、ご参考までに。

先生の図書が一日も早く出版され、日本の心ある人々に読まれることを切望しています。

それでは皆様、良い年をお迎え下さい。

敬具

並木友

李仁榮様

早々のお年賀状と、未完の自叙伝というか、エッセイ集でしょうか、李さんの内容が、よく描写出来て、お上手な日本語に、大変感銘いたしました。何度か読み返している間に、日が過ぎて遅くなってしまいました。

私は、夫が逝ってから、自分からはお正月の年賀が、失せてしまいましたので、頂いたお年賀状には、寒中見舞としてお返事させて頂いております。でも、すぐ疲れてしまったりして、くずくずだから、大切なお返事だからと、余計遅ればせになってしまいました。心からお詫びいたします。お許し下さいませね。李さんの夫々の文章には、その時々の胸中の思いが、よく表れています。懐かしい神田界隈、バラが咲いたも師弟愛の良いお話。

昔、元気だった私達のことも思い出します。どうぞご本の完成を、心から願い祈っています。そして辛さに悩んでいますお体の痛みが、少しでも軽くなることを心から祈ります。ニコニコしています。

二〇〇七年　一月　十日

整子より

李仁榮教授還暦記念門下生音楽会を終えて 1989

大韓民国芸術院賞受賞 1997

ソウル大学校音楽大学 李仁榮教授停年退任記念門下生音楽会 1994.

台湾独唱会　ピアノ伴奏　チェコ出身指揮者　ジャン　ポパー教授
一九八三年　台南市立図書館講堂

韓国創作オペラ　張一男作曲　春香伝　三幕　悪代官(李仁榮)
春香の忠節に激怒して死刑を下す　一九六六年　韓国国立劇場

プッチーニ オペラ ラ・ボエーム 四幕 騒いでいるボエミアン達
踊る哲学者コリン(李仁榮) 一九七〇年 ソウル世宗文化会館

ポンキエーリ オペラ ラ・ジョコンダ 三幕 妻の不貞に激怒している
アルヴィーゼ伯爵(李仁榮) 一九七七年 韓国国立劇場

公園を歩きながら、、、　2004

聲海　李仁榮

（芸名　金慶植　バス歌手）　1929年7月28日　生

1952年 日本　東京芸術大学　音楽学部　声楽科
1956年 芸大卒業オペラ　椿姫出演
1956年 藤原歌劇団団員　マスネー　オペラ　タイースで　日本デビュー
ドン・ジョヴァンニ、トスカ、ラ・ボエーム、リゴレット、
アイーダ、セビリヤの理髪師等多数出演
帰国後　1965年より1971年まで招請出演、主に　日比谷公会堂、東京文化会館に出演
1960年 韓国帰国、独唱会及びオラトリオ独唱者として活躍、オペラ魔笛、ファウスト、フィデリオ、ラ・ボエーム、春香伝、ラ・ジョコンダ、トウランドット、魔弾の射手、トスカ等
1984年まで多数出演
オーストリア、台湾、アメリカ、カナダ、メキシコ、日本等　独唱会と音楽会等　数多く
海外演奏
1960年 国立ソウル大学校　音楽大学　講師 ― 教授
1965年 韓国東亜日報コンクール審査委員
1969年 オペラ　カルメン、トスカ、ラ・ボエーム、セビリアの理髪師、ドン・ジョバンニ、フィガロ

の結婚、ファウスト等を多数演出

1986年- 韓国声楽アカデミー会長、亜細亜ヴォーカル新人演奏会を1997年まで韓国側委員として毎年ソウルと東京で韓日相互主催、また韓日親善歌曲の夕べ等を多数主催、

1991年- 日本民音国際声楽コンクール、静岡国際オペラコンクール、ドミンゴ国際オペラコンクール等の審査委員を歴任。

1994年- 国立ソウル大学校　音楽大学　停年退任

1997年- 大韓民国　芸術院賞　受賞

1999年- 大韓民国　文化勲章　宝冠受章

現在　―　国立ソウル大学校　名誉教授

大韓民国芸術院　会員

住所　韓国　ソウル市　瑞草区　方背三洞　一〇二六―一四　新東亜ＬＵＸＶＩＬＬ　一一〇二号

ＴＥＬ　八二―〇二―五八四―六八二八

ＦＡＸ　八二―〇二―五二一―一〇四一

新木撞通信

初版發行　2007年 4月 10日

著者　李仁榮

發行人　高正一

發行處　東西文化社

創業　1956. 12. 12　登錄　16-345(倫)

住所　韓国 ソウル 江南區 新沙洞 540-22

☎(02)546-0331~6 (FAX)545-0331

www.epascal.co.kr

ISBN 978-89-497-0388-6 93390